관리회계 연습문제 풀이집

Managerial Accounting

관리회계 연습문제 풀이집

초판발행 2022년 1월 25일
2쇄 발행 2023년 9월 1일

지은이 손성진, 서정록, 신성호, 김강, 고세라, 김원배, 전웅수 / **펴낸이** 전태호
펴낸곳 한빛아카데미(주) / **주소** 서울시 서대문구 연희로2길 62 한빛아카데미(주) 2층
전화 02-336-7112 / **팩스** 02-336-7199
등록 2013년 1월 14일 제2017-000063호 / **ISBN** 979-11-5664-675-4 93320

책임편집 김현용 / **기획** · **편집** · **진행** 정서린
디자인 박정우 / **제작** 박성우, 김정우
영업 김태진, 김성삼, 이정훈, 임현기, 이성훈, 김주성 / **마케팅** 길진철, 김호철, 심지연

이 책에 대한 의견이나 오탈자 및 잘못된 내용에 대한 수정 정보는 아래 이메일로 알려주십시오.
잘못된 책은 구입하신 서점에서 교환해 드립니다. 책값은 뒤표지에 표시되어 있습니다.
홈페이지 www.hanbit.co.kr / 이메일 question@hanbit.co.kr

Published by HANBIT Academy, Inc. Printed in Korea

목차

목차

제 1 장

정보화시대 관리회계

Managerial Accounting in the Information Age

주관식 문제 *Questions*

1. 관리회계의 목적은 계획, 통제 그리고 의사결정에 필요한 정보를 제공하는 것이다.

2. 예산에 반영된 목표 성과치는 당기의 실제 성과를 평가하는데 중요한 기준이 된다.

3. 물음은 재무회계와 관리회계의 차이점을 세 가지만 열거하라는 것이다. 교과서 본문에서는 둘의 차이점 5가지를 들고 있다. 이를 모두 요약하면 다음과 같다 :

   a) 관리회계는 회계정보의 이용자 중 외부이용자 보다는 내부이용자에 초점을 두고 있다.
   b) 관리회계에서는 일반적으로 인정된 회계원칙(GAAP)을 반드시 준수할 필요는 없다.
   c) 관리회계에서는 재무회계에 비해 보다 더 상세한 정보를 제공한다.
   d) 관리회계에서는 비재무적인 정보도 제공한다.
   e) 관리회계에서는 보다 더 미래지향적인 정보를 제공한다.

4. 관리회계보고서에서 볼 수 있는 비재무적 정보의 예: 생산에 사용된 원재료의 양, 사무직원의 노동시간, 불량품 수량 등

5. 변동원가총액은 활동수준의 증감에 비례하여 변동하지만, 총고정원가는 활동수준의 변화에 비례하여 변동하지 않는다.

6. 제시카의 입장에서 보면 가전제품부문에서 근무하는 판매직원의 급여는 통제가능원가일 수 있지만, 건물의 감가상각비는 통제불능원가이다.

7. 증분분석은 새로운 대안으로 인하여 증가하는 수익과 비용을 비교하여 새로운 대안의 수락여부를 결정하는 방법이다. 새로운 대안을 선택함으로써 증가되는 수익이 증가되는 비용을 초과한다면 그 대안은 채택될 것이다.

8. "측정해야 관리할 수 있다"는 개념은 경영자의 행동이 성과측정치에 의해 영향을 받을 수 있다는 것을 강조하는 것이다.

9. 가치사슬을 구성하는 요소들(즉 기업과 공급업자, 기업과 소비자) 간의 정보흐름은 기업의 효율적인 가치창출에 매우 중요하다. 정보기술은 수집된 고객정보를 이용하여 기업의 효율적인 마케팅 관리를 가능하게 하며, 원활한 공급망관리와 내부 프로세스의 효율성 제고에도 도움을 준다.

10. 합법적인 행동이 반드시 윤리적인 것은 아니다. 합법적인 행동은 정해진 법률을 준수했느냐의 문제이지만, 윤리적행동은 "무엇이 옳은 것인가?"의 문제이다.

연습문제 Exercises

▶ 연습문제 1-1. [학습목표 3]

마이크로소프트사를 선택했다고 가정하자.

측정치 1: 소프트웨어의 에러 건 수.

긍정적 효과: 에러 건 수의 감소.

부정적 영향: 소프트웨어의 출시가 지연된다.

측정치 2: 신규고객에 대한 매출비중.

긍정적 효과: 신규고객 유치를 위해 판매직원들이 열심히 뛴다.

부정적 영향: 회사의 관심과 배려 부족으로 기존고객의 이탈 가능성

측정치 3: 콜센터의 고객 1인당 평균 상담시간.

긍정적 효과: 시간당 상담 고객 수의 증가.

부정적 영향: 충분한 답변의 부족으로 인한 고객의 만족도 저하.

▶ 연습문제 1-2. [학습목표 2]

의사결정에 관련이 있는 원가는 증분원가 뿐이다. 즉 새로운 안이 실행되었을 때 변동이 있는 원가이다. 구기계의 원가는 매몰원가이며 변동하지 않는다. 따라서 이는 의사결정에 고려할 필요가 없다.

▶ 연습문제 1-3. [학습목표 4]

윤리강령에 의하면 구트리는 자신이 취할 수 있는 행동을 좀 더 잘 이해할 수 있도록 객관적인 상담자(예를 들면 IMA의 윤리상담서비스)와의 비밀 상담을 통하여 우선 문제를 정확히 이해하는 것이 필요하다. 그런 다음 구트리는 이 문제를 회계부장의 상사인 최고재무책임자(CFO)에게 보고 상담하여야 한다. 문제의 당사자이기 때문에 회계부장과는 상의해서는 안된다. 만일 문제가 잘 해결되지 않을 경우 구트리는 회사를 떠나는 것도 고려하여야 한다.

▶ 연습문제 1-4[학습목표4]

CRM시스템을 이용하여 식당 이용 손님의 와인 구매 자료를 수집하였다. 이 정보를 이용하여 손님이 다음에 식당을 방문하였을 손님의 취향에 맞는 와인을 무료로 제공하므로서 그 손님이 단골이 되었다.

CRM시스템을 이용하여 지난해 3일 간 투숙한 손님이 다시 방문한 사실을 파악하였다. 이 손님을 단골로 만들기 위해 무료로 객실을 업그레이드해 주었다.

CRM시스템을 이용하여 연간 이용액을 기준으로 우수고객 1,000명을 선정하여 무료숙박권을 제공하므로서 고객충성도를 향상시켰다.

▶ **연습문제 1-5. [학습목표 1]**

메간은 지점별로 이익예산을 작성할 수 있다. 연도말이 되면 각 지점의 실제 성과를 보고 받는다. 각 지점에서 보고한 실제 성과와 예산목표치를 비교하여 차이가 큰 항목에 대해서는 원인분석을 위한 조사를 실시한다.

▶ **연습문제 1-6. [학습목표 1]**

정답은 "C"이다. 실제원가가 계획치 보다 많이 발생한 이유는 경영의 비능률 만이 아니라 여러 가지가 있을 수 있다. 일반적으로 성과보고서는 단지 조사가 요구되는 분야를 지적하는 것이지 문제의 원인까지 제시하지는 않는다.

▶ **연습문제 1-7. [학습목표 1]**

넬슨은 매출원가가 증가하였다고 걱정할 필요는 없다. 매출원가는 변동원가이고 따라서 매출액이 증가하면 비례해서 증가한다. 이 경우는 예산에서는 매출원가율($400,000/$600,000)이 67%이었지만 실제매출원가율($425,000/$700,000)은 61%이다. 따라서 매출원가가 증가는 하였지만 매출액 증가와 똑같은 비율로 증가하지는 않았음을 알 수 있다.

▶ **연습문제 1-8. [학습목표 1]**

관리회계는 경영자 의사결정에 필요한 정보 제공에 촛점을 두고 있다. 따라서 재무회계와는 몇가지 다른 특징을 가지고 있다. 1) 관리회계는 내부이용자 즉 경영자를 위한 회계이다. 2) 일반적으로 인정된 회계원칙(GAAP)에 구속될 필요가 없다. 3) 보다 구체적인 정보를 제공한다. 4) 비재무적인 정보를 더 많이 제공한다. 5) 미래에 촛점을 둔 정보를 제공한다.

▶ **연습문제 1-9. [학습목표 1]**

보너스의 목적이 성과에 대한 보상이라는 점을 생각하면 판매가 이루어진 시점(주문 시점)에서 매출을 인식하는 것이 바람직할 것이다. 항공기는 주문 이후 인도 까지는 1년 이상의 장기간이 소요되기 때문에 GAAP에 따라 제품의 인도 시점에서 판매성과를 판단하는 것은 적절하지 않다.

▶ **연습문제 1-10. [학습목표 2]**

a. 변동원가

b. 고정원가

c. 변동원가

d. 고정원가

▶ **연습문제 1-11. [학습목표 2]**

a. 변동원가

b. 변동원가

c. 고정원가

d. 고정원가

e. 변동원가

▶ 연습문제 1-12. [학습목표 2]

어떤 원가가 통제가능하다는 것은 특정 경영자의 행동(의사결정)으로 인해 그 원가가 영향을 받는다는 것을 의미한다. 공장장은 공장설비와 관련하여 어떤 조건의 보험을 들 것인가를 결정할 수 있다. 즉 공장장의 결정에 따라 보험료는 달라진다. 하지만 현장감독자는 이러한 권한이 없으므로 보험료의 발생에 영향을 주지 못한다.

▶ 연습문제 1-13. [학습목표 2, 3]

피터는 구장비의 구입가격 $30,000는 고려할 필요가 없다. 이는 매몰원가이기 때문이다. 하지만 구장비의 처분 가격은 고려하여야 한다. 구장비의 처분에 따른 현금유입액은 의사결정에 고려해야될 증분요인이기 때문이다.

▶ 연습문제 1-14. [학습목표 2]

증분수익(1일)		$2,500
(차감) 증분원가:		
노무원가	$700	
부품원가	500	
운반비	100	
사무직원인건비	200	1,500
증분이익(1일)		$1,000

기회원가 = $1,000 × 52 일 = $52,000

임차료와 감가상가비는 증분원가가 아니기 때문에 기회원가 산정에 포함하지 않는다. (이들 원가는 고정원가로 토요일 영업 여부와 관계없이 일정하게 발생한다.)

▶ 연습문제 1-15. [학습목표 2]

기회원가는 자카리가 주말에 뉴욕에 가지 않고 근무한다면 받게 될 수당 $560 (16시간 × $35)이다.

▶ 연습문제 1-16. [학습목표 2, 3]

리터당 증분원가는 $6 이하이어야 할 것이다. 왜냐하면 $6에는 공장설비의 감가상각비와 같은 고정원가가 포함되어 있다 그러나 추가로 생산할 경우에는 이 보다 작은 변동원가 만 발생하기 때문이다. 따라서 15,000리터 생산에 요구되는 총증분원가는 $90,000 보다 작아야 할 것이다.

▶ **연습문제 1-17. [학습목표 3]**

a. 재료원가, 직접공의 노무원가, 기계가동에 소요되는 전력비, 등

b. 공장건물 또는 생산설비의 감가상각비 등

▶ **연습문제 1-18. [학습목표 3]**

헐무트가 받게될 보너스는 고객만족도를 기초로 결정될 것이다. 따라서 헐무트는 보너스를 많이 받기 위해 고객만족도를 높이려고 노력할 것이다. 즉 고객이 대기하는 동안 무료 음료 및 다과의 제공, 대기실에 TV, PC, 또는 게임기 등을 비치, 수리기간 동안 대차서비스 제공 등을 하게될 것이다.

▶ **연습문제 1-19. [학습목표 5]**

IMA전문가직무윤리규정에는 이 문제와 관련하여 직접적으로 적용할 수 있는 구체적인 조항은 없다. 따라서 상황을 어떻게 판단하느냐에 따라 샤우나의 행동은 다를 것이다.

첫째 골프여행접대를 일종의 뇌물로 해석한다면, 영업이사 2명을 성실성기준에 위배되는 행동으로 상사에게 보고하여 조치를 취하도록한다.

하지만 골프여행접대를 단순히 통상적인 판촉활동으로 본다면 법률 위반이 아니며 윤리적인 책임도 물을 필요가 없을 것이다.

▶ **연습문제 1-20. [학습목표 5]**

관리회계이사의 주요 업무로는 원가계산, 재무제표작성(GAAP준수), 예산편성, 성과보고서의 차이분석, 최고경영자의 의사결정문제에 대한 자문, 등을 들 수 있다. 이러한 업무 수행을 위해서는 전문적인 지식의 습득이 요구된다. 국내 대학의 교과과정을 기준으로 할 때 , 최소한 관리회계, 원가회계를 비롯한 회계학 과목과 여러가지 경영학 과목의 이수를 권장한다.

▶ **연습문제 1-21**

학생 각자가 상상력과 창의성을 발휘하여 장래를 설계하기 바란다.

고급연습문제 Problems

▶고급연습문제 1-1. [학습목표1, 2][엑셀활용]

a.

산티아고 살사
생산원가예산
2020년 5월

생산량	**30,000병**
원액원가*	$24,000
노무원가**	14,400
임차료	5,000
감가상각비	6,000
기타	1,000
합계	$50,400

*($20,000 ÷ 25,000) × 30,000
**($12,000 ÷ 25,000) × 30,000

b. 임률이 $20라고 하면 5월에 필요한 작업시간은 720 ($14,400 ÷ $20) 시간이다. 4월에 필요한 작업시간은 600 ($12,000 ÷ $20)시간이다. 따라서 5월에는 증가된 120시간 (주당 약 30시간)의 작업 수행에 필요한 시간제 근로자의 고용 계획이 필요하다.
만일 경영자가 시간제근로자의 필요를 미리 예측하지 못할 경우에는 필요한 인력을 적시에 조달하지 못하므로서 생산에 차질을 빚을 것이다.

c. 4월의 실제 단위당 원가는 $1.76 ($44,000 ÷ 25,000병)
5월의 예상 단위당 원가는 $1.68 ($50,400 ÷ 30,000병)
총원가 중에는 고정원가가 일부 포함되어 있으며, 생산량이 증가하면 단위당 고정원가는 감소한다. 따라서 생산량이 5,000단위 증가한5월의 제품 단위당 원가는 4월 보다 $0.08 감소하게 된다.

▶고급연습문제 1-2. [학습목표 2, 3][엑셀활용]

a. 병당 변동원가는 $1.28 로 계산은 다음과 같다:

생산량	**25,000**
원액원가	$20,000
노무원가	12,000
합계	$32,000

$32,000 ÷ 25,000병 = $1.28

따라서 50,000병의 추가 생산원가는 $64,000 ($1.28 × 50,000)이다.

b. 증분수익은 $100,000이다:

가격인하 전 수익 (325,000 × $5.00)	$1,625,000
가격인하 후 수익 (375,000 × $4.60)	1,725,000
가격인하로 인한 증분수익	$ 100,000

c. 인하하여야 한다. 가격인하로 판매량이 50,000 증가할 경우 증분원가는 $64,000 이며 증분수익은 $100,000이므로 $36,000의 증분이익을 가져온다.

▶고급연습문제 1-3. [학습목표 1, 2]

판 매 부

판매비예산, 2020

(매출액을 $11,000,000로 가정)

급여(고정)	$400,000
판매수수료(변동)	165,000
광고비(고정)	100,000
사무실비용 분담금(고정)	3,000
사무용소모품(변동)	2,200
합계	$670,200

판매수수료[($150,000 ÷ $10,000,000) × $11,000,000] = $165,000

사무용소모품[($2,000 ÷ $10,000,000) × $11,000,000] = $2,200

▶ **고급연습문제 1-4. [학습목표1]**

a. 실제매출액은 예산 보다 10.7% ($75,000 ÷ $700,000) 증가하였다. 반면에 상품구매원가는 22.9%, 판매직원 급여는 11.4% 증가하였다. 따라서 매출액 증가율 보다 배에 가까운 비율로 증가한 상품구입원가의 원인을 분석하는 것이 필요하다. 급여는 대부분 고정원가로서 이의 증가는 효율성보다는 급여 정책에 따른 것으로 매장운영의 효율성을 평가하는데는 큰 의미가 없다.

b. 스포츠용품 관리자 입장에서 백화점 전체의 전기료는 통제불능원가이다. 따라서 점유면적을 기준으로 배분된 전기료를 성과 평가에 포함하는 것은 바람직하지 않다. 단 매장별로 전기사용료가 파악되고 부과된다면 통제가능원가로 분류될 수도 있다.

▶ **고급연습문제 1-5. [학습목표 1, 2]**

생산량이 증가한다고 해서 모든 원가가 증가한다고 볼 수는 없다. 변동원가는 생산량에 비례해서 증가하겠지만, 고정원가는 변동이 없을 것이다. 재료원가, 직접노무원가, 수도광열비 등은 변동원가로서 생산량의 증가에 비례하여 총액이 증가하겠지만, 나머지 원가(감독자급여, 기계수선비, 감가상각비, 공장경비원가)는 고정원가로 생산량이 증가하여도 변동하지 않을 것이다. 이 문제에서는 고정원가 중에도 차이(실제−예산)가 발생하였지만 그 원인은 생산량의 증가가 아닌 다른 요인에 의한 것으로 해석되어야 할 것이다.

▶ **고급연습문제 1-6. [학습목표 1, 2, 3]**

a. 손익계산서, 재무상태표, 현금흐름표 등은 회사 전체의 관점에서 요약 작성된 것으로 린다가 관리하는 콘텍트렌즈 영업부와 관련된 구체적인 내용의 정보는 제공하지 못한다.

b. 웹사이트 방문자수, 재구매 고객수, 배송시간, 고객만족도 등

c. 고객만족도를 높이기 위해 린다는 할인행사, 배송시간의 단축, 교환 환불 등의 고객서비스 개선, 품질개선 등을 실행할 수 있다.

d. 변동원가로는 콘텍트렌즈원가, 배송비, 고정원가로는 컴퓨터 등 시스템장비의 감가상각비와 시스템운영과 관련된 용역비 등을 들 수 있다.

▶ **고급연습문제 1-7. [학습목표 3]**

a. 직원들은 신규고객에게만 지나치게 집중하게 되어 회사 매출의 대부분을 차지하는 기존 고객의 유지 관리가 부실해 질 수 있다.

b. 단위당 제조원가를 낮추기 위해 과도하게 생산량을 증대한다. 생산량을 증가시킬 경우 소위 대량생산의 이점에 의해 단위당 생산원가를 감소시킬 수 있다. 하지만 이에 비례하여 판매가 증가하지 않을 경우 불필요한 재고의 증가를 가져오며 오히려 재고관리비용의 증가 등으로 인해 전체적인 비용의 증가를 초래할 수 있다.

c. 종업원의 감원을 통하여 단기적으로 판매비와 일반관리비를 줄일 수는 있다. 하지만 이 경우 종업원의 사기 저하, 대고객 서비스의 부실 등을 초래하여 장기적으로는 오히려 기업의 수익성을 저해할 수도 있다.

▶고급연습문제 1-8. [학습목표 2, 3]

a. 증분수익은 $640 ($160 × 4명)이 될 것이다.

b. 욕실에 비치된 비누, 샴푸 등의 비용, 객실 청소비, 수건 및 침구의 세탁비 등.

c. 객실에 제공되는 소모품(비누, 화장지 등)은 비교적 저렴하고 객실 종업원의 임금은 대부분 고정원가이기 때문에 증분원가가 증분수익 보다 클 경우는 거의 없다고 하겠다.

▶고급연습문제 1-9. [학습목표 5]

시어즈홀딩코퍼레이션의 행동강령에 의하면, 각 문항에 대한 답은 다음과 같다.

a. "구매담당자가 경쟁관계에 있는 공급업자들과 가격 정보를 공유해서는 안된다."

b. "이에 더하여 회사의 구성원들은 개인적인 정치활동을 위하여 회사의 시간 또는 자원을 사용해서는 안되며, 자신의 지위를 이용하여 회사의 다른 구성원들에게 특정 후보의 지지 또는 정치적 활동에 참여하도록 강요해서도 안된다."

c. "어떠한 경우라도 구매담당자는 거래처로부터 직접 샘플을 받거나 구매해서는 안된다."

d. "회사의 구성원은 회사의 재산 또는 비밀정보를 요구할 권한이 없는 자 또는 정보를 알 필요가 없는 자에게 회사의 재산이나 비밀정보를 제공해서는 안된다."

제2장

제조업과 서비스업의 개별원가시스템

Job-Order Costing for Manufacturing and Service Companies

주관식 문제 Questions

1. 제조원가는 제품의 생산과 관련된 모든 원가를 의미한다. 제조원가의 예는 다음과 같다: 제품 생산에 직접적으로 관련이 있는 노동자의 임금, 제품에 직접적으로 추적할 수 있는 재료의 원가, 생산에서 소비된 간접노무원가, 간접재료원가, 생산설비의 감가상각비, 공장설비의 감가상각비 등이 포함된다.
   비제조원가는 제품생산과 관계없이 발생한 모든 원가를 의미한다. 일반적으로 판매비와 관리비가 그 예에 해당한다.

2. 제품원가는 생산된 제품에 부과된 원가를 의미한다. 제품원가는 판매되기 전에는 재고자산으로 인식하며 판매가 된 후에 비용으로 인식된다. 기간원가는 생산된 제품에 부과하지 않으며, 발생시점에 비용으로 인식한다.

3. 제품의 원가를 계산하는 방법은 일반적으로 (1)개별원가계산시스템과 (2)종합원가계산시스템의 두 가지로 구분할 수 있다.
   개별원가계산시스템은 일반적으로 개별 제품별 또는 독특한 제품을 배치(batch)생산하는 회사들이 이용한다. 예를 들어 건설, 항공, 조선업 등에서 주로 사용된다.
   종합원가계산은 표준화된 제품을 대량생산하는 업종에서 주로 활용된다. 예를 들어, 음료, 화학, 페인트, 플라스틱 산업에서 주로 사용된다.

4. 작업원가표는 생산하는 제품의 원가를 기록하는 양식이다. 작업원가표는 작업에 투입된 직접재료원가, 직접노무원가 그리고 제조간접원가에 관한 정보를 제공해 준다.

5. 실제 제조간접원가는 회계기말이 되기 전까지는 알 수가 없다. 만약 경영자가 제조간접원가 배부과정에서 실제제조간접원가배부율을 적용하려고 한다면 제조간접원가 실제발생을 파악할 수 있는 회계기말까지 기다려야 한다. 의사결정의 적시성을 높이기 위해 경영자는 회계기말이 되기 전에 작업원가를 알고 싶어 할 것이다.

6. 적절한 배부기준이 되기 위한 중요한 조건 중 하나는 제조간접원가의 발생과 얼마나 밀접하게 연관되어 있는가 이다. 작업준비원가가 제조간접원가로 분류된다고 가정해 보자. 이때는 작업에서 필요로 하는 작업준비횟수가 직접노동시간 보다 더 타당한 배부기준이라 할 수 있을 것이다. 작업준비횟수는 직접노동시간보다 작업준비와 더 밀접한 관련을 가지고 있으므로 이 경우에는 작업준비횟수가 적절한 배부기준이 될 수 있다.

7. 직접노무원가가 총제조원가에서 차지하는 부분이 상대적으로 작은 고도로 자동화된 기업에서 제조간접원가는 직접노동에 비례하여 변하지는 않는다. 더욱이, 이러한 기업에서 직접노동과 관련된 배부기준을 사용한다면 제조간접원가 예정배부율은 상대적으로 커지게 될 것이다. 그러므로, 배부기준으로 사용되는 직접노동의 작은 변화도 제조간접원가 배부에는 큰 영향을 미칠 수 있다.

   자본집약형 기업들은 배부기준으로 기계작업시간을 사용하는 것을 고려하는 것이 더 나을 수도 있다(혹은 6장에서 소개하는 활동기준원가계산시스템의 사용을 고려하는 것이 더 나을지도 모른다).

8. 제조간접원가계정에 기록된 차이 금액이 중요하다면 기말재공품재고, 완제품재고, 그리고 매출원가의 상대적 비율에 따라 과소배부 또는 과대배부를 조정하는 것이 필요하다.

9. 예상치 못한 생산의 증가가 발생한다면 제조간접원가는 과대배부될 것이다. 제조간접원가는 추정된 총제조간접원가(변동제조간접원가와 고정제조간접원가)를 추정된 배부기준량으로 나누어 계산된 제조간접원가 예정배부율을 사용하여 배부한다. 이때 배부된 제조간접원가는 제조간접원가 예정배부율을 실제 소비한 배부기준량에 곱하여 결정한다. 예상치 못한 생산의 증가는 고정제조간접원가를 증가시킬 것이고, 결과적으로 제조간접원가 예정배부율의 고정원가 요소가 커진다. 이로 인해 고정제조간접원가가 기업의 정상적인 조업도 수준에서 발생하는 것보다 더 많이 배부될 것이다.

10. 회사가 컴퓨터 기반생산시스템으로 전환하면, 직접노무원가는 감소할 것이고(노동에 대한 수요 감소로 인해), 제조간접원가는 증가(컴퓨터기반시스템과 관련한 감가상각비의 증대로 인해)하게 될 것이다.

연습문제 Exercises

▶ 연습문제 2-1. [학습목표 6]

A사 관리자는 직접노동시간의 증가하면 작업에 배부될 제조간접원가도 증가할 것이라는 것을 알고 있다. 만약 A사 관리자가 작업의 원가를 얼마나 효과적으로 통제하였는지의 여부를 가지고 자신의 성과를 평가 받게 된다는 사실을 안다면, A사 관리자는 노무원가와 제조간접원가를 감소시킬 수 있는 노동자 감축 방안을 고려할 것이다. 마찬가지로, B사 관리자는 기계시간을 줄이려할 것이고, C사 관리자는 재료원가를 관리하기 위한 특별한 노력을 수행할 것이다(낭비감소, 원가감소방안탐색 등). 성과측정치(작업원가의 감소)를 제조간접원가 배부와 연결시키는 것은 관리자로 하여금 중요하지 않은 다른 요인에 그들의 관심과 노력을 집중하게 만들 수도 있다는 사실에 주목해야 한다. 이 사례는 "측정해야 관리할 수 있다!"라는 문장의 좋은 예가 될 것이다.

▶ 연습문제 2-2. [학습목표 8, 10]

과대 혹은 과소 배부된 제조간접원가의 비중이 상대적으로 크다면, 재공품재고, 제품재고, 매출원가 잔액의 상대적 비율에 따라 차이가 나는 금액을 안분할 것이다. 그러나 회사가 JIT(Just-In-Time)를 도입하였다면, 매출원가와 비교해볼 때 재공품재고, 제품재고의 잔액은 상대적으로 작을 것이므로 과대/과소배부 금액을 매출원가 계정에서만 조정하는 방법과 세 계정의 상대적 비율에 따라 조정하는 방법간의 금액의 차이는 크지 않을 것이다.

▶ 연습문제 2-3. [학습목표 7]

프리시전 커스텀 금형사의 제조간접원가예정배부율은 직접노동시간 당 $100($20,000,000 ÷ 200,000시간)이다. 작업 525의 직접노동시간이 25시간이므로 제조간접원가는 $2,500이 배부된다($100 × 25시간).

▶연습문제 2-4. [학습목표 4]

a. P d. J
b. P e. P
c. J f. J

▶연습문제 2-5. [학습목표 1, 2]

a. Y e. N
b. N f. Y
c. Y g. Y
d. Y h. N

▶연습문제 2-6. [학습목표 3, 6]

직접재료원가는 재공품계정에 기록하고, 간접재료원가는 제조간접원가계정에 기록된다.

재공품	200,000	
원재료		200,000
제조간접원가	10,000	
원재료		10,000

▶연습문제 2-7. [학습목표 3, 6]

직접재료원가는 재공품계정에 기록하고, 간접재료원가는 제조간접원가계정에 기록한다.

재공품	1,500	
원재료		1,500

(250 + 350 + 400 + 500 = 1,500)

제조간접원가	100	
원재료		100

▶연습문제 2-8. [학습목표 3, 6]

직접노무원가는 재공품계정에 기록하고, 간접노무원가는 제조간접원가에 기록한다.

재공품	70,000	
미지급임금		70,000
제조간접원가	50,000	
미지급임금		50,000

▶ **연습문제 2-9. [학습목표3, 6]**

a. **작업번호. 201**

110 노동시간 × $10/시간	$ 1,100
90 노동시간 × $21/시간	1,890
40 노동시간 × $12/시간	480
합계	$3,470

작업번호. 202

50 노동시간 × $20/시간	$1,000

작업번호. 203

70 노동시간 × $18/시간	$1,260

b. 2월 근로자 작업전표(작업별)

작업	전표	시간	임율	원가
201	2101	110	10.00	$1,100
201	2102	90	21.00	1,890
201	2103	40	12.00	480
		240		3,470
202	2104	50	20.00	1,000
203	2105	70	18.00	1,260
		총노무원가		$5,730

재공품	5,730	
미지급임금		5,730

▶ **연습문제 2-10. [학습목표7]**

(1) 직접노동시간을 기준으로 한 제조간접원가 예정배부율

$900,000 ÷ 60,000 직접노동시간 = $15/직접노동시간

(2) 직접노무원가를 기준으로 한 제조간접원가 예정배부율

$900,000 ÷ $1,800,000 = $0.50/직접노무원가

(3) 기계작업시간을 기준으로 한 제조간접원가 예정배부율

$900,000 ÷ 30,000 기계작업시간 = $30/기계작업시간

▶ 연습문제 2-11. [학습목표 6, 7, 9]

a. 제조간접원가 예정배부율의 사용은 간접원가 배부의 적시성을 높여 준다. 만약 제조간접원가 실제배부율을 사용한다면 회계기말이 되기 전까지는 제조간접원가 실제발생액을 알 수가 없으므로 회계기말까지 원가를 배부할 수 없게 된다. 프랭클린 컴퓨터 수리전문점이 실제원가에 근거하여 고객에게 청구를 하려고 한다면 회계기말까지 청구작업을 미루어야 할 것이다.

b. 제조간접원가 배부율은:

$500,000 ÷ $800,000 = $0.625 (수리기사 임금당 배부율)

총작업원가 = $200 + $100 + ($100 × $0.625) = $362.50

▶ 연습문제 2-12. [학습목표 6, 7]

a. 제조간접원가 예정배부율

배부기준	제조간접원가예정배부율
직접노동시간	$1,000,000 ÷ 20,000 직접노동시간 = $50/직접노동시간
직접노무원가	$1,000,000 ÷ $625,000 = $1.60/직접노무원가
기계작업시간	$1,000,000 ÷ 20,000 기계작업시간 = $50/기계작업시간
직접재료원가	$1,000,000 ÷ $800,000 = $1.25/직접재료원가

b. 다른 배부기준을 이용한 작업번호 25의 원가

원가	직접노동시간	직접노무원가	기계작업시간	직접재료원가
직접재료원가	$3,000	$3,000	$ 3,000	$3,000
직접노무원가	3,750	3,750	3,750	3,750
제조간접원가*	7,500	6,000	5,000	3,750
합계	$14,250	$12,750	$11,750	$10,550

* a에서 구한 제조간접원가 배부율에 실제배부기준량을 곱함

▶ 연습문제 2-13. [학습목표 3, 6, 7]

a. 제조간접원가배부액은 $3 × 직접노무원가 $100,000 = $300,000이다.

	차변	대변
재공품	$300,000	
제조간접원가		$300,000

b. 실제제조간접원가는 $260,000

제조간접원가	260,000	
원재료		40,000
미지급임금		80,000
미지급제세공과		25,000
감가상각누계액		60,000
미지급수선비		55,000

▶연습문제 2-14. [학습목표 8, 10]

a. 배부된 제조간접원가는 $300,000이고, 실제제조간접원가는 $260,000이다. 따라서 제조간접원가는 $40,000의 대변잔액을 갖게 된다. 매출원가를 마감하기 위한 분개를 하라.

제조간접원가	40,000	
매출원가		40,000

b. 제조간접원가를 마감하는 것은 제품원가에 실제제조간접원가를 대응시키는 과정이므로 중요한 작업이다.

c. 스타 플라스틱이 JIT 시스템을 활용한다면, 매출원가의 잔액과 비교해 볼 때 재공품, 제품의 잔액은 상대적으로 그 규모가 작을 것이다. 따라서 세 계정잔액의 상대적 비율에 따라서 안분하는 방법, 또는 매출원가에서만 조정하는 방법 둘 중 어느 방법을 사용해도 그 결과에 큰 차이는 발생하지 않을 것이다.

▶연습문제 2-15. [학습목표3, 6]

원가요약: 작업 325

직접재료원가	$10,000
직접노무원가(250시간 × $16/시간당)	4,000
제조간접원가:	
(직접노동시간 당 $25 × 250시간)	6,250
합계	$ 20,250

▶ 연습문제 2-16. [학습목표 6, 7, 9]

추정제조간접원가 = 상근 변호인과 변호보조인의 상담시간을 기준으로 배부한 $600,000

예산임금: (5 × $300,000) + (9 × $100,000) = $2,400,000

제조간접원가 예정배부율 = $600,000 ÷ $2,400,000 = $0.25 / 변호인과 변호보조인 상담시간

고객상담을 수행하는데 급여에서 $45,000 가 요구된다면 배부되는 간접원가는:

$45,000 × $0.25 = $11,250

▶ 연습문제 2-17. [학습목표 8]

과대배부가 되었다면 제조간접원가 계정은 차이조정이 이루어지기 전에는 대변잔액을 가진다. 차이의 금액이 중요하다면 재공품, 제품, 매출원가 잔액의 상대적 비율에 따라 그 금액을 안분하는 방법이 권장된다.

계정과목	잔액	비율	총과대배부액	차이조정
재공품재고	$ 500,000	25	$90,000	$22,500
제품재고	600,000	30	90,000	27,000
매출원가	900,000	45	90,000	40,500
합계	$2,000,000			$90,000

제조간접원가	90,000	
재공품		22,500
제품		27,000
매출원가		40,500

▶ 연습문제 2-18. [학습목표 10]

재고를 보유해야 하는 이유

1. 예상치 못한 공급자의 파업으로 핵심부품조달에 문제가 발생
2. 예상치 못한 기계고장으로 생산 중단
3. 자연재해 또는 테러 등으로 인해 재료조달에 문제가 발생

▶ 연습문제 2-19. [학습목표 6]

추정 제조간접원가는 $2,000,000이고 80%가 고정원가이다. 재료의 이동순서가 변경되고 기계작업시간이 30,000시간 단축된다고 해도, $2,000,000의 80%에 해당하는 $1,600,000는 변하지 않을 것이다. 만약 변동제조간접원가가 대략 시간당 $4($400,000 / 100,000)라고 한다면, 새로이 변동된 부분은 $280,000 ($4 × (100,000 − 30,000) 이고, 총제조간접원가는 $1,880,000가 될 것이다. 그러므로 절감된 총 원가는 $120,000 또는 시간당 $4이며, 시간당 $20보다 작아질 것이다.

▶고급연습문제 2-1. [학습목표 3]

a.

새터필드 커스텀 글래스
제조원가명세서
2020년 12월 31일

재공품 기초잔액		$210,000
가산 당기총제조원가:		
직접재료원가	$2,500,000	
직접노무원가	3,000,000	
제조간접원가	1,700,000	7,200,000
합계		7,410,000
차감 재공품 기말잔액		300,000
매출원가		$7,110,000

b.

새터필드 커스텀 글래스
손익계산서
2020년 12월 31일

매출액		$8,500,000
차감 매출원가:		
제품 기초잔액	$500,000	
가산 당기제품제조원가	7,110,000	
판매가능한 제품재고액	7,610,000	
차감 제품 기말잔액	400,000	7,210,000
매출총이익		1,290,000
차감 비제조원가:		
판매비와 관리비		1,350,000
순이익		$(60,000)

▶**고급연습문제 2-2. [학습목표 3]**

a.

테라코타 디자인
제조원가명세서
2020년 12월 31일

재공품 기초잔액			$650,000
가산 당기총제조원가:			
직접재료원가:			
기초잔액	$ 450,000		
매입	1,500,000		
기말잔액	(200,000)	$1,750,000	
직접노무원가		2,500,000	
제조간접원가		650,000	4,900,000
합계			5,550,000
차감 재공품 기말잔액			350,000
매출원가			$5,200,000

b.

테라코타 디자인
손익계산서
2020년 12월 31일

매출액		7,000,000
차감 매출원가:		
제품 기초잔액	$ 750,000	
가산 당기제품제조원가	5,200,000	
판매가능한 제품재고액	5,950,000	
차감 제품 기말잔액	350,000	5,600,000
매출총이익		1,400,000
차감 비제조원가:		
판매비	500,000	
관리비	850,000	1,350,000
순이익		$50,000

▶고급연습문제 2-3. [학습목표 6]

a. 작업원가

	1005	1006	1007	1008	1009	1010
직접재료원가	$650	$850	$1,550	$650	$450	$350
직접노무원가	1,600	2,000	3,300	1,400	900	700
제조간접원가	2,880*	3,600	5,940	2,520	1,620	1,260
합계	$5,130	$6,450	$10,790	$4,570	$2,970	$2,310

*$1,600 × 180%

b.

	차변	대변
원재료	5,500	
매입채무		5,500
(철강의 구입을 기록하다)		
원재료	2,400	
현금		2,400
(소모품구매를 기록하다)		
재공품	4,500	
제조간접원가	1,000	
원재료		5,500
(생산에 투입된 재료를 기록하다)		
재공품	9,900	
제조간접원가	6,500	
미지급임금		16,400
(노무비를 기록하다)		
재공품	17,820	
제조간접원가		17,820
(배부된 제조간접원가를 기록하다 : $9,900 × 180%)		
제품	26,940	
재공품		26,940
(완성된 제품의 원가를 기록하다 : 1005, 1006, 1007, 그리고 1008)		
매출채권	40,410	
매출원가	26,940	
매출		40,410
재고자산		26,940
(제품의 판매를 기록하다 : 1005, 1006, 1007, 그리고 1008)		

▶고급연습문제 2-4. [학습목표 3, 6]

a. 재공품 재고 기초잔액은 $14,500:

작업 258	$5,000
작업 259	6,000
작업 260	3,500
합계	$14,500

재공품 재고 기말잔액은 $8,400:

작업 345	$2,500
작업 346	5,900
합계	$8,400

b. 제품 기초잔액은 $9,000:

작업 257	$9,000
제품 기말잔액은 $11,700:	
작업 341	$1,500
작업 342	3,300
작업 343	2,400
작업 344	4,500
합계	$11,700

c. 매출원가는 다음과 같다:

재공품 기초잔액		$14,500
가산 당기제품제조원가:		
직접재료비	$750,000	
직접노무비	1,650,000	
제조간접비	2,150,000	4,550,000
합계		4,564,500
재공품 재고 기말잔액		8,400
매출원가		$4,556,100

제품 기초잔액	$9,000
가산 당기제품제조원가	4,556,100
판매가능한 제품재고액	4,565,100
차감 제품 기말잔액	11,700
매출원가	$4,553,400

작업 257부터 작업 340까지는 매출원가 잔액과 관련이 있다.

▶고급연습문제 2-5. [학습목표 6, 7]

a. 직접노동시간을 기준으로 한 제조간접원가 예정배부율

$12,000,000 ÷ 300,000시간 = 직접노동시간 당 $40

직접노동시간을 기준으로 K25신발에 배부된 제조간접원가

$40 × 11,000시간 = $440,000

직접노무원가를 기준으로 한 제조간접원가 예정배부율

$12,000,000 ÷ $4,800,000 = 직접노무원가 당 $2.50

직접노무원가를 기준으로 K25 신발에 배부된 제조간접원가

$2.50 × $165,000 = $412,500

b. 노동자가 복잡한 작업을 수행하면서 높은 임율을 받는다면 직접노무원가가 배부기준으로 선호될 것이다.

▶고급연습문제 2-6. [학습목표 6, 7]

a. 직접노무원가를 배부기준으로 한 제조간접원가 예정배부율:

$600,000 ÷ $300,000 직접노무원가 = 직접노무원가 당 = $2.00

직접노동시간을 배부기준으로 한 제조간접원가 예정배부율:

$600,000 ÷ 10,000시간 = 직접노동시간 당 = $60.00

기계작업시간을 기준으로 한 제조간접원가 예정배부율

$600,000 ÷ 5,000 기계작업시간 = 기계작업시간 당 $120

b. 직접노무원가 배부기준

	작업 9823	작업 9824
직접재료원가	$ 1,000	$2,000
직접노무원가	2,700	6,500
제조간접원가	5,400	13,000
합계	$9,100	$21,500

*실제직접노무원가 × $2

직접노동시간 배부기준

	작업 9823	작업 9824
직접재료원가	$1,000	$ 2,000
직접노무원가	2,700	6,500
제조간접원가	6,000	12,000
합계	$9,700	$20,500

*실제직접노동시간 × $60

기계작업시간 배부기준

	작업 9823	작업 9824
직접재료원가	$ 1,000	$2,000
직접노무원가	2,700	6,500
제조간접원가	4,800	13,200
합계	$8,500	$21,700

*실제 기계작업시간 × $120

c. 배부된 제조간접원가의 75%가 설비의 감가상각비라고 한다면 기계작업시간을 배부기준으로 선택하는 것이 타당할 것이다. 그러나 작업원가 정보를 활용하는 정보이용자는 배부된 제조간접원가가 증분원가가 아니라는 것을 기억해야 할 것이다.

▶고급연습문제 2-7. [학습목표 7, 8]

a. 과대 배부된 제조간접원가가 중요하지 않고, 매출원가계정에서 조정될 때 순이익:

제조간접원가 배부액 = 0.75 × $700,000 =	$525,000
실제제조간접원가 =	$450,000
제조간접원가 과대 배부액	$75,000

따라서, 제조간접원가는 $75,000 과대배부됨

매출액	$2,500,000
매출원가 ($1,000,000− $75,000)	925,000
매출총이익	1,575,000
판매비와 관리비	1,000,000
순이익	$575,000

b. 과대 배부된 제조간접원가 중요하고, 관련계정의 상대적 비율에 따라 조정될 때 순이익

	잔액	비율	조정	조정후잔액
재공품재고	$50,000	0.04	$3,000	$47,000
제품재고	200,000	0.16	12,000	188,000
매출원가	1,000,000	0.80	60,000	940,000
합계	$1,250,000	1.00	$75,000	$1,175,000

매출액	$2,500,000
매출원가	940,000
매출총이익	1,560,000
판매비	400,000
관리비	600,000
순이익	$560,000

c. 매출원가에서 전액 조정된 과대배부액은 관련 계정의 상대적 비율에 따라 조정하는 경우와 비교해 볼 때 높은 순이익을 보고한다.

▶고급연습문제 2-8. [학습목표 8]

a. 과대배부된 제조간접원가가 매출원가계정에서 조정된다면, 조정된 잔액은:
$440,000 − $50,000 = $390,000

b. 과대배부된 제조간접원가가 관련 계정의 상대적 비율에 따라 조정된다면

	잔액	비율	조정	조정후잔액
재공품재고	$ 66,000	0.12	$ 6,000	$ 60,000
제품재고	44,000	0.08	4,000	40,000
매출원가	440,000	0.80	40,000	400,000
합계	$550,000	1.00	$50,000	$500,000

▶고급연습문제 2-9. [학습목표 6, 7, 9]

a. 서비스 시간당 간접원가는 $65:

종업원 50명 × 1,600시간 = 연 80,000시간

간접원가 $5,200,000 ÷ 80,000시간 = 시간당 $65

b. 잠재고객에 대해 추정된 서비스 원가

서비스 시간당 평균 급여 연 $120,000 ÷ 1,600시간 = 시간당 $75

책임컨설턴트 서비스 (100시간 × 시간당 $75)	$7,500
간접원가(100시간 × 시간당 $65)	6,500
합계	$14,000

▶고급연습문제 2-10. [학습목표 3, 6]

a. $30,000 + $40,000 − $15,000 = $55,000

b. $80,000 + $55,000 + $45,000 + $63,000 − $82,000 = $161,000

c. $95,000 + $161,000 − $110,000 = $146,000

d. $70,000 − $60,000 = $10,000

▶고급연습문제 2-11. [학습목표 6, 7, 8]

a. 제조간접원가 예정배부율은 직접노무원가 당 $2.25

($9,000,000 ÷ 4,000,000 = $2.25)

	차변	대변
b. 재공품	5,750,000	
원재료		5,750,000
c. 재공품	4,500,000	
미지급 임금		4,500,000
d. 재공품	10,125,000	
제조간접원가		10,125,000
($4,500,000 × $2.25 = $10,125,000)		
e. 매출원가	875,000	
제조간접원가		875,000
($11,000,000 − $10,125,000 = $875,000)		

▶고급연습문제 2-12. [학습목표 6, 7]

a.	작업 201	$17,000 × $3.25 =	$55,250
	작업 202	$20,500 × $3.25 =	66,625
	작업 203	$9,000 × $3.25 =	29,250
			$151,125
b.	작업 201	$9,500 × $3.33 =	$31,635
		$3,000 × $4.76 =	14,280
		$4,500 × $2.40 =	10,800
			$56,715
	작업 202	$5,000 × $3.33 =	$16,650
		$6,500 × $4.76 =	30,940
		$9,000 × $2.40 =	21,600
			$69,190
	작업 203	$2,000 × $3.33 =	$6,660
		$5,000 × $4.76 =	23,800
		$2,000 × $2.40 =	4,800
			$35,260
	합계		$161,165

c. 각 부서별로 제조간접원가와 직접노무원가가 다르게 나타난다. 따라서 각 부분의 원가발생 내용을 잘 설명해 줄 수 있는 배부기준을 선택하는 것이 바람직하다.

▶고급연습문제 2-13. [학습목표 6, 7]

대략 제조간접원가의 66%(($160,000 + $135,000) ÷ $450,000)는 기계작업과 관련이 있다. 추가적인 정보가 없다면 기계작업시간이 적절한 배부기준이 될 수 있다.

제조간접원가 예정배부율 = $450,000 ÷ 15,000 기계작업시간 = 기계작업시간 당 $30

▶고급연습문제 2-14. [학습목표 7, 8, 9]

과대배부된 제조간접원가

예정배부액($6 × 35,000)	$210,000
실제발생액	200,000
과대배부액	$10,000

▶제조간접원가 2-15. [학습목표 7, 8, 9]

a. 수리공 작업시간을 기준으로 예정배부한 제조간접원가는 $17 ($170,000 ÷ 10,000 = $17) 이다.

b. 예정배부액 = $17 × 7,000 = $119,000

예정배부된 금액은 $119,000이고, 실제발생액은 $140,000이므로 과소배부된 금액은 $21,000이다.

$119,000 − $140,000 = $(21,000)

c. 매출원가 계정을 마감하기 위한 분개는 다음과 같다:

매출원가	21,000	
제조간접원가		21,000

▶고급연습문제 2-16. [학습목표 9]

a. 수술방 사용시간 당 제조간접비 예정배부율은 $2,750이다($5,500,000÷2,000시간 = $2,750). 캔디스씨가 수술방을 3시간 사용하였다면 총제조간접원가는 $8,250 ($2,750 × 3시간)가 된다.

b. 무릎수술에 부과된 병원비 $24,250:

의약품	$450
소독제	1,500
소모품	4,500
수술실 서비스(간호진)	4,500
마취	1,500
마취과 의사	3,500
수술실 간접원가	8,250
	$24,200

제 3 장

종합원가계산

Process Costing

주관식 문제 *Questions*

1. 개별원가계산은 다품종 소량생산업체 또는 주문생산업체에서 주로 사용하는 원가계산방법이다. 제품 또는 배치작업 별로 원가정보가 필요하므로 제조원가는 특정 작업에 추적될 수 있어야 한다. 종합원가계산은 동종의 소품종 대량생산업체에서 사용하는 원가계산방법이다. 이는 총생산원가를 총생산수량으로 나누어 제품단위당 원가를 계산하는 평균화 과정을 거치는 방법이다.

2. 이 문제에 대한 답은 다양하게 제시될 수 있는데, 그 중 하나를 예로 들어보면, 종합원가계산을 사용하는 회사의 세 가지 유형은 제약회사, 페인트 제조회사, 화학회사 등이 있다. 이 회사들에서 생산하는 제품은 비교적 동질적이고, 대량생산된다. 또한 생산원가가 상대적으로 낮은 제품이 종합원가계산에 적합하다. 많은 경우에, 종합원가계산에 적합한 제품은 생산원가 가 낮은 제품(예: 반려견 사료)이지만, 반드시 그런 것은 아니다(즉, 다양한 화학물질처럼 다양한 약품은 생산 원가가 높음).

3. 완성품환산량은 재공품의 단위를 완성품의 단위로 환산한 것이다. 일반적으로 완성품환산량은 환산하고자 하는 단위의 수량에 완성도를 곱하여 계산할 수 있다.

4. 직접노무원가와 제조간접원가는 가공원가로 분류한다.

5. 전공정으로부터 대체되어진 단위에 누적된 원가는 전공정대체원가라고 한다.

6. 재료는 공정의 초기 시점에 투입되고, 노동과 제조간접원가를 발생시키는 활동은 전공정에 걸쳐서 균등하게 발생한다.

7. 제조원가보고서에 나타나는 총원가 = 기초재공품원가 + 당기투입원가

8. 제조원가보고서의 조정을 통해 계산상의 실수가 없고, 수량이 누락되지 않았다는 것을 확인할 수 있다.

9. 전공정대체원가는 이전 공정에서 대체된 전공정 완성품의 원가이다. 그러므로 1공정을 제외한 모든 공정에서 이 항목이 발생할 수 있다.

10. 제조원가보고서를 준비하기 위한 4단계 절차는 다음과 같다.
    - a. 수량결정(물량흐름가정)
    - b. 직접재료원가, 직접노무원가, 제조간접원가의 완성품환산량 단위당 원가계산
    - c. 완성품과 기말재공품에 원가배부
    - d. 제품원가 결정

연습문제 Exercises

▶ 연습문제 3-1. [학습목표 2, 3]

마이크로칩을 생산하는 과정에서 제조간접원가의 대부분은 고정원가로 이루어져 있다. 이 원가는 재공품과 제품에 배부된다. 상당수의 작업이 기말에 시작되고, 50%정도 가공되었다고 가정한다면 고정제조간접원가의 대부분은 기말 재공품에 남아 있게 된다. 이로 인해 제품원가와 매출원가는 감소하게 될 것이다. 그러므로 당기의 수익은 증대된 것처럼 보여질 수 있다.

기업이 이익을 증대시키기 위해 이러한 방법을 선택하게 된다면 투자자와 기타 이해관계자들의 의사결정에 문제를 야기시킬 수 있으므로 이러한 행동은 윤리적이지 않다.

▶ 연습문제 3-2. [학습목표 3]

완성품환산량 단위당원가는 직접재료원가, 직접노무원가, 제조간접원가에 대해서 계산한다. 각 항목에 대해서, 기초재공품원가와 당기에 발생한 총원가를 합한다. 이 금액은 분자에 위치하게 된다. 그런 다음 분모에 위치하게 될 완성품과 기말 재공품에 대한 환산량을 결정하여 환산량 단위당 원가를 결정한다.

기말재공품에 대한 환산량을 계산할 때 직접재료원가, 직접노무원가, 제조간접원가 별로 환산량이 다를 수 있다는 점에 주의하여야 한다. 그 이유는 직접재료원가, 직접노무원가 그리고 제조간접원가의 투입시기가 다르기 때문이다. 일반적으로 재료는 주로 공정의 초기시점에 투입되고, 노무원가와 제조간접원가는 전 공정에서 균등하게 발생한다.

▶ 연습문제 3-3. [학습목표 1]

제조공정에 투입되는 네 가지 원가항목은 직접재료원가, 직접노무원가, 제조간접원가, 전공정대체원가이다.

▶연습문제 3-4. [학습목표 1]

사례 1

재공품 기말재고	2,500
가산: 10월 완성량	15,000
차감: 재공품 기초재고	(5,000)
10월 착수량	12,500

사례 2

재공품 기초재고	16,000
가산: 3월 착수량	4,000
합계	20,000
차감: 3월 완성량	(14,400)
재공품 기말재고	5,600

사례 3

재공품 기초재고	300,000
가산: 12월 착수량	950,000
합계	1,250,000
차감: 재공품 기말재고	(350,000)
12월 완성량	900,000

▶연습문제 3-5. [학습목표 1]

재공품 기초재고	850	
8월 착수량	95,000	
합계	95,850	단위

8월 완성량	90,000	
재공품 기말재고	?	
합계	95,850	단위

재공품 기말재고 = 95,850 − 90,000 = 5,850 단위

▶ 연습문제 3-6. [학습목표 1]

재공품 기초재고	4,500
8월 착수량	?
합계	38,000 리터
8월 완성량	31,000
재공품기말재고	7,000
합계	38,000 리터

8월 착수량 = 38,000 − 4,500 = 33,500 리터

▶ 연습문제 3-7. [학습목표 3]

직접노무원가	
재공품 기초재고	$140,000
3월 발생원가	800,000
총노무원가	$940,000

수량	
완성량	35,000 킬로그램
기말 재공품 환산량	
(10,000 킬로그램 × 50%)	5,000
합계	40,000 킬로그램

완성품 환산량 단위당 원가 = $940,000 ÷ 40,000 킬로그램 = 킬로그램 당 $23.50

▶ 연습문제 3-8. [학습목표 3, 4]

X = 기초 재공품 재고라고 가정하자.

직접재료원가

($260,000 + X) ÷ (40,000 + 10,000) = $6

X = $40,000

직접노무원가

($120,000 + X) ÷ (40,000 + 3,000) = $3

X = $9,000

제조간접원가

($161,000 + X) ÷ (40,000 + 3,000) = $4

X = $11,000

▶연습문제 3-9. [학습목표 2]

분모는 완성품에 기말 재공품 환산량을 더한 값과 동일하다.

직접재료원가

완성량	2,000
기말재공품 완성품 환산량(600 × 0.90)	540
합계	2,540

가공원가

완성량	2,000
기말 재공품 완성품환산량(600 × 0.50)	300
합계	2,300

▶연습문제 3-10. [학습목표 2, 3, 4]

a. 직접재료원가에 대한 환산량 단위당 원가는 $6.00이다. 완성품에 포함된 직접재료원가는 $222,000이다. 그러므로, 완성품 수량은 37,000개 ($222,000 ÷ $6.00)이다.

재공품 기초재고	2,500	
7월 착수량	40,000	
합계	42,500	캔

완성량	37,000
재공품 기말재고	?
합계	42,500

이는 기말 재공품이 5,500단위라는 것을 의미한다(42,500 − 37,000 = 5,500).

b. 기말 재공품 재고의 원가는 $9,625

직접재료원가(0.25 × 5,500개 × $6.00)	$8,250
직접노무원가와 제조간접원가 (0.1 × 5,500개 × $2.50)	1,375
기말재공품재고	$9,625

▶ 연습문제 3-11. [학습목표 2, 3, 4]

재공품 기말재고

직접재료원가 (950 × 1.0 × $0.80)	$760.00
직접노무원가와 제조간접원가 (950 × 0.75 × $0.90)	641.25
합계	$1,401.25

완성품 원가

직접재료원가(4,500 × $0.80)	$3,600.00
직접노무원가와 제조간접원가 (4,500 × $0.90)	4,050.00
합계	$7,650.00

▶ 연습문제 3-12. [학습목표 2, 3, 4]

기말 재공품재고

직접재료원가 (20 × $2,050)	$41,000
직접노무원가(20 ×0.80 × $800)	12,800
제조간접원가(20 × 0.80 × $1,500)	24,000
합계	$77,800

완성품 원가

직접재료원가 (95 × $2,050)	$194,750
직접노무원가 (95 × $800)	76,000
제조간접원가 (95 × $1,500)	142,500
합계	$413,250

▶ 연습문제 3-13. [학습목표 2, 3, 4]

a. 직접재료원가:

기초 재공품 원가	$30,000
당기 발생 원가	397,950
합계	$427,950

가공원가:	
기초 재공품 원가	$13,000
당기 발생 원가	394,880
합계	$407,880

기말 재공품 환산량 단위	
직접재료원가 (3,000 단위 × 0.85)	2,550
가공원가 (3,000 × 0.45)	1,350
직접재료에 대한 환산량 단위당 원가:	
$427,950 ÷ (45,000 + 2,550)	$9.00
가공원가에 대한 환산량 단위당 원가:	
$407,880 ÷ (45,000 + 1,350)	8.80
완성품 환산량 단위당 원가	$17.80

b. 11월 완성품 원가:

45,000 단위 × $17.80	$801,000

c. 재공품 기말재고 원가:

직접재료원가	
(2,550 × $9.00)	$22,950
가공원가	
(1,350 × $8.80)	11,880
기말 재공품 총 원가	$34,830

▶연습문제 3-14. [학습목표 2, 3]

기초 재공품 수량	40,000
6월 착수량	500,000
합계	540,000
차감: 기말 재공품 수량	(30,000)
완성품 수량	510,000

환산량 단위 계산

수량	직접재료원가	직접노무원가	제조간접원가
완성품 수량	510,000	510,000	510,000
환산단위 기말 재공품 수량			
(100% 직접재료원가, 75% 가공원가)	30,000	22,500	22,500
합계	540,000	532,500	532,500

▶ 연습문제 3-15. [학습목표 2]

기초 재공품 수량	2,300,000
5월 착수량	770,000
합계	3,070,000
기말 재공품 수량	(235,000)
완성품 수량	2,835,000

환산량 단위 계산

수량	직접재료원가	가공원가
완성품 수량	2,835,000	2,835,000
환산량 단위		
기말 재공품 수량		
(100% 직접재료원가, 60%		
가공원가)	235,000	141,000
합계	3,070,000	2,976,000

▶ 연습문제 3-16. [학습목표 1, 2]

기초 재공품 수량	45,000
당기 착수량	200,000
합계	245,000
차감: 기말 재공품 수량	(60,000)
완성품 수량	185,000

환산량 단위 계산

수량	직접재료원가	가공원가
완성품	185,000	185,000
환산량 단위		
기말재공품		
(80% 직접재료원가, 45% 가공원가)	48,000	27,000
합계	233,000	212,000

▶ 연습문제 3-17. [학습목표 2, 3]

환산량 단위당 원가 계산

	직접재료원가	가공원가	합계
원가			
기초 재공품	$ 52,000	$ 44,000	$ 96,000
8월 발생원가	200,000	280,000	480,000
합계	$250,000	$324,000	$576,000
환산량 단위	18,000*	16,200**	
환산량 단위당 원가	$14.00	$20.00	$34.00

*15,000 + 3,000 = 18,000

**15,000 + (3,000 × .40) = 16,200

▶ 연습문제 3-18. 증분분석

판매가격은 인하되어야 한다. 그 이유는 순이익이 현재 수준보다 $5,000만큼 증가하기 때문이다.

판매수량	112,000
직접재료원가 ($.25 × 112,000)	$ 28,000
직접노무원가	112,000
제조간접원가	200,000
총원가	$340,000

이익은 $80,000 [(112,000 × $3.75) − $340,000]

새로운 이익	$ 80,000
현재 이익	75,000
증분이익	$5,000

고급연습문제 Problems

▶고급연습문제 3-1. [학습목표 3, 4]

a. 리갈광택사의 기초 재공품 재고는 11,000개, 당기 투입은 105,000개로 총 116,000단위가 생산에 투입되었다. 리갈광택사의 기말 재공품 재고는 5,100개 이다. 따라서 110,900개가 완성되었다(116,000 − 5,100).

완성품 환산량 단위당 원가의 계산에서 분모는 다음과 같다.

	완성품 수량	기말재공품 환산량	합계
직접재료원가	110,900	5,100	116,000
직접노무원가	110,900	3,570*	114,470
제조간접원가	110,900	3,570*	114,470

* 5,100 × 0.7 = 3,570

	기초재공품재고	당기발생	합계	분모	환산량 단위당원가
직접재료원가	$4,000.00	$76,040.00	$80,040.00	116,000	$0.69
직접노무원가	200.00	8,957.60	9,157.60	114,470	0.08
제조간접원가	300.00	10,002.30	10,302.30	114,470	0.09
합계	$4,500.00	$94,999.90	$99,499.90		$0.86

b. 5월 완성품 원가는 $95,374.00:

110,900개 × $0.86 = $95,374.00

기말재공품 원가:

직접재료원가 (5,100 환산량 × $0.69)	$3,519.00
직접노무원가 (3,570 환산량 × $0.08)	285.60
제조간접원가 (3,570 환산량 × $0.09)	321.30
합계	$4,125.90

c.

기초 재공품	$4,500.00
당기착수	94,999.90
합계	$99,499.90
완성품 원가	$95,374.00
기말 재공품 원가	4,125.90
합계	$99,499.90

▶고급연습문제 3-2. [학습목표 3, 4]

a. 마퀴타 필터사는 기초 재공품 재고 600개를 가지고 있고, 당기에 2,700개를 착수하였다. 결국, 총 3,300개를 생산에 투입하였고, 기말 재공품 재고는 700개, 완성품은 2,600개이다 (3,300 − 700).

환산량 단위당 원가의 계산에서 분모는 다음을 의미한다:

	완성품 수량	기말재공품 환산량	합계
직접재료원가	2,600	490*	3,090
직접노무원가	2,600	420**	3,020
제조간접원가	2,600	420**	3,020

*(700×.70); **(700×.60)

	기초 재공품	당기투입	합계	분모	환산량단위당원가
직접재료원가	$45,000	$267,090	$312,090	3,090	$101.00
직접노무원가	11,000	76,580	87,580	3,020	29.00
제조간접원가	80,000	496,820	576,820	3,020	191.00
합계	$136,000	$840,490	$976,490		$321.00

b. 8월 완성품의 원가는 $834,600이다.

2,600개 × $321.00 = $834,600

기말 재공품 원가

직접재료원가 (490 환산량 단위 × $101.00)	$49,490.00
직접노무원가 (420 환산량 단위 × $29.00)	12,180.00
제조간접원가 (420 환산량 단위 × $191.00)	80,220.00
합계	$141,890.00

c.

기초 재공품	$136,000.00
당기착수	840,490.00
합계	$976,490.00
완성품 원가	$834,600.00
기말 재공품 원가	141,890.00
합계	$976,490.00

▶고급연습문제 3-3. [학습목표 2, 3, 4, 5]

a. 카오 타일 – 10월

수량조정	
기초 재공품 (65% 직접재료원가, 35% 가공원가)	5,000
당기착수	6,000
합계	11,000
완성품	4,000*
기말재공품 (75% 직접재료원가, 50% 가공원가)	7,000
합계	11,000

*계산은 다음과 같다. 11,000 – 7,000 = 4,000.

환산량 단위당 원가

	직접재료원가	직접노무원가	제조간접원가	합계
원가				
기초 재공품 재고	$170,000	$160,000	$50,000	$380,000
10월 중 착수	422,000	1,055,000	107,500	1,584,500
합계	$592,000	$1,215,000	$157,500	$1,964,500
수량				
완성품	4,000	4,000	4,000	
기말재공품 환산량 (75% 직접재료원가, 50% 가공원가)	5,250	3,500	3,500	
합계	9,250	7,500	7,500	
환산량 단위당 원가	$64	$162	$21	$247
원가조정				
총원가				$1,964,500

완성품 원가 (4,000개 × $247)		$988,000
기말 재공품 원가		
직접재료원가(5,250 환산량 × $64)	$336,000	
직접노무원가 (3,500 환산량× $162)	567,000	
제조간접원가 (3,500 환산량 × $21)	73,500	976,500
합계		$1,964,500

b. 완제품 988,000

재공품 988,000

▶고급연습문제 3-4. [학습목표 2, 3, 4, 5]

오지 방적 – 8월

수량조정

기초재공품(100% 직접재료원가, 70% 가공원가)	7,000
당기착수	34,000
합계	41,000
완성품	33,000 *
기말재공품(100% 직접재료원가, 50% 가공원가)	8,000
합계	41,000

*계산은 다음과 같다. 41,000 – 8,000 = 33,000.

환산량 단위당 원가

	직접재료원가	직접노무원가	제조간접원가	합계
원가				
기초재공품	$6,000	$2,000	$2,500	$10,500
8월 중 착수	26,390	12,430	14,520	53,340
합계	$32,390	$14,430	$17,020	$63,840
수량				
완성품	33,000	33,000	33,000	
기말재공품 환산량	8,000	4,000	4,000	
합계	41,000	37,000	37,000	
환산량 단위당 원가	$0.79	$0.39	$0.46	$1.64

원가조정		
총원가		$63,840
완성품 원가 (33,000개×$1.64)		$54,120
기말재공품 원가		
직접재료원가 (8,000 환산량× $0.79)	$6,320	
직접노무원가 (4,000 환산량× $0.39)	1,560	
제조간접원가 (4,000 환산량× $0.46)	1,840	9,720
합계		$63,840

▶고급연습문제 3-5. [학습목표1]

a. 재공품, 1공정	80,000	
원재료		80,000
1공정에서 사용된 재료를 기록하다.		
재공품, 2공정	15,000	
원재료		15,000
2공정에서 사용된 재료를 기록하다.		
b. 재공품, 1공정	40,000	
미지급 임금		40,000
1공정 노무원가를 기록하다.		
재공품, 2공정	70,000	
미지급 임금		70,000
2공정 노무원가를 기록하다.		
c. 재공품, 1공정	220,000	
제조간접원가		220,000
1공정 제조간접원가를 기록하다.		
재공품, 2공정	100,000	
제조간접원가		100,000
2공정 제조간접원가를 기록하다.		

d. 재공품, 2공정 364,000
    재공품, 1공정 364,000

1공정에서 2공정으로 대체된 수량의 원가를 기록하다.

※ 주: 1공정에는 기말재공품이 없으므로 차공정대체원가는 $364,000(24,000 + 80,000 + 40,000 + 220,000)이다.

완제품 563,000
    재공품, 2공정 563,000

※ 주: 44,000 + 15,000 + 70,000 + 100,000 + 364,000 − 30,000 = 563,000

▶고급연습문제 3-6. [학습목표 1]

a. 재공품 (125,000 × $0.90 × .40) 45,000
    원재료 45,000

생산에 투입된 재료를 기록하다.

b. 원재료 (125,000 × $0.90 ×.15) 16,875
    미지급 임금 16,875

노무원가를 기록하다.

c.재공품 (125,000 × $0.90 × .45) 50,625
    제조간접원가 50,625

제조간접원가를 배부하다.

d. 완제품 1 112,500
    재공품 (16,875 + 50,625 + 45,000) 112,500

완제품의 원가를 기록하다.

e. 매출원가 112,500
    제품 112,500

판매된 제품의 원가를 기록하다.

▶고급연습문제 3-7. [학습목표 2, 3, 4, 5]

a. 1,100 = (3,400 − 2,300)

b. 3,400

c. 1,100

d. 770 = (1,100 × 0.70)

e. 770

f. 3,400 = (1,100 + 2,300)

g. 3,070 = (2,300 + 770)

h. 3,070 = (2,300 + 770)

i. 1.35 = (4,590 ÷ 3,400)

j. 4.00 = (12,280 ÷ 3,070)

k. 8.00 = (24,560 ÷ 3,070)

l. 13.35 = (1.35 + 4.00 + 8.00)

▶고급연습문제 3-8. [학습목표 2, 3, 4, 5]

1단계

환산량 단위당 원가 = 1.80 + 1.40 + 2.64 = 5.84

완성품 원가(주어진 값) = $3,007,600

환산량 단위당 원가 = $5.84

따라서, 완성품 수량 = $3,007,600 ÷ 5.84 = 515,000

2단계

기말 재공품 수량(주어진 값)	5,000
가산 완성품 수량	515,000
합계	520,000

3단계

합계	520,000
차감 기초 재공품 수량(주어진 값)	8,000
12월 중 착수량	512,000

4단계

기말재공품 환산량

직접재료원가(5,000 × 100%)	5,000
직접노무원가(5,000 × 20%)	1,000
제조간접원가(5,000 × 20%)	1,000

5단계

완성품 수량(위에서 계산된 값)	515,000
완성품 환산량 단위당 원가계산을 위한 총수량:	
직접재료원가 = 515,000 + 5,000	520,000
가공원가 = 515,000 + 1,000	516,000

6단계

완성품 환산량 단위당 원가계산에서 총원가:	
직접재료원가 = 520,000 × $1.80	$936,000
직접노무원가 = 516,000 × $1.40	$722,400
제조간접원가 = 516,000 × $2.64	$1,362,240

7단계

12월 중에 투입한 원가:	
총원가 − 기초재공품 원가	
직접재료원가 = $936,000 − $45,200	$890,800
직접노무원가 = $722,400 − $10,500	$711,900
제조간접원가 = $1,362,240 − $26,300	$1,335,940

8단계

원가조정:		
총원가 ($936,000 + $722,400 + $1,362,240)		$3,020,640
완성품원가 (515,000×$5.84)		$3,007,600
기말 재공품 원가		
직접재료원가(5,000 × $1.80)	$9,000	
직접노무원가(1,000 × $1.40)	1,400	
제조간접원가(1,000 × $2.64)	2,640	13,040
총원가:		$3,020,640

▶고급연습문제 3-9. [학습목표 2, 3, 4, 5]

혼합공정, 심플리샤인삼푸 – 3월

수량조정

기초 재공품 수량 (100% 직접재료원가, 90% 가공원가)	15,000
당기착수	660,000
합계	675,000
완성품수량	635,000*
기말 재공품 수량(100% 직접재료원가, 70% 가공원가)	40,000
합계	675,000

* 계산은 다음과 같다. 675,000 – 40,000 = 635,000

완성품 환산량 단위당 원가

	직접재료원가	직접노무원가	제조간접원가	합계
원가				
기초 재공품	$8,500	$1,200	$2,500	$12,200
3월 발생원가	254,750	78,360	130,100	463,210
합계	$263,250	$79,560	$132,600	$475,410
수량				
완성품 수량	635,000	635,000	635,000	
기말 재공품 환산수량	40,000	28,000	28,000	
합계	675,000	663,000	663,000	
환산량 단위당 원가	$0.39	$0.12	$0.20	$0.71

원가조정

총원가		$475,410
완성품원가(635,000개 × $0.71)		$450,850
기말재공품원가		
직접재료원가(40,000환산량 × $.39)	$15,600	
직접노무원가(28,000 환산량 × $.12)	3,360	
제조간접원가(28,000 환산량 × $.20)	5,600	24,560
합계		$475,410

포장공정, 심플리샤인샴푸 – 3월

수량조정

기초 재공품 수량 (60% 직접재료원가, 50% 가공원가)	14,500
3월 착수량	635,000
합계	649,500
완성품 수량	611,500 *
기말 재공품 수량 (80% 직접재료원가, 60% 가공원가)	38,000
합계	649,500

*계산은 다음과 같다. 649,500 – 38,000 = 611,500

환산량 단위당 원가

	직접재료원가	직접노무원가	제조간접원가	전공정대체원가	합계
원가					
기초 재공품	$925	$60	$115	$3,800	$4,900
3월 착수량	88,941	12,626	18,914	450,850	571,331
합계	$89,866	$12,686	$19,029	$454,650	$576,231
수량					
완성품 수량	611,500	611,500	611,500	611,500	
기말 재공품 환산량	30,400	22,800	22,800	38,000	
합계	641,900	634,300	634,300	649,500	
환산량 단위당 원가	$0.14	$0.02	$0.03	$0.70	$0.89

원가조정

총원가($925 + $60 + $115 + $3,800 + $88,941 + $12,626 + $18,914 + $450,850)		$576,231
완성품 원가(611,500개 × $0.89)		$544,235
기말 재공품 원가		
직접재료원가(30,400 환산량 × $0.14)	$4,256	
직접노무원가(22,800 환산량 × $0.02)	456	
제조간접원가(22,800 환산량 × $0.03)	684	
전공정대체원가(38,000환산량 × $0.70)	26,600	31,996
합계		$576,231

▶고급연습문제3-10. [학습목표 2, 3, 4, 5]

혼합공정, 카니발 카라멜사 – 3월

수량 조정

기초 재공품(100% 직접재료원가, 70% 가공원가)	5,000
3월 착수량	45,000
합계	50,000
완성품 수량	47,000*
기말 재공품 수량 (100% 직접재료원가, 50% 가공원가)	3,000
합계	50,000

*계산은 다음과 같다. 50,000 – 3,000 = 47,000

환산량 단위당 원가

	직접재료원가	직접노무원가	제조간접원가	합계
원가				
기초 재공품	$4,000	$1,600	$1,900	$7,500
3월 착수량	45,500	23,135	25,745	94,380
합계	$49,500	$24,735	$27,645	$101,880
수량				
완성품 수량	47,000	47,000	47,000	
기말 재공품 환산량	3,000	1,500	1,500	
합계	50,000	48,500	48,500	
환산량 단위당 원가	$0.99	$0.51	$0.57	$2.07

원가조정

총원가		$101,880
완성품 원가(47,000개 × $2.07)		$97,290
기말 재공품 원가		
직접재료원가(3,000 환산량 × $0.99)	$2,970	
직접노무원가(1,500 환산량 × $0.51)	765	
제조간접원가(1,500 환산량 × $0.57)	855	4,590
합계		$101,880

성형 공정, 카니발 카라멜사 – 3월

기초 재공품 수량(80% 가공원가)	5,000
3월 착수량	47,000
합계	52,000
완성품 수량	50,500*
기말 재공품 수량 (60% 가공원가)	1,500
합계	52,000

*계산은 다음과 같다. 52,000 – 1,500 = 50,500

환산량 단위당 원가

	직접재료원가	직접노무원가	제조간접원가	전공정대체원가	합계
원가					
기초 재공품	–	$800	$600	$4,630	$5,820
3월 발생원가	–	13,592	9,166	97,290	120,048
합계	–	$14,392	$9,766	$101,920	$126,078
수량					
완성품 수량		50,500	50,500	50,500	
기말 재공품 환산량		900	900	1,500	
합계		51,400	51,400	52,000	
환산량 단위당 원가		$0.28	$0.19	$1.96	$2.43

원가조정

총원가		$126,078
완성품 원가(50,500개 × $2.43)		$122,715
기말 재공품 원가		
직접재료원가	$0	
직접노무원가(900 환산량 × $0.28)	252	
제조간접원가(900 환산량 × $0.19)	171	
전공정대체원가(1,500 환산량 × $1.96)	2,940	3,363
합계		$126,078

▶**고급연습문제 3-11. [학습목표 3, 4, 5]**

혼합공정, 트로피칼 썬 – 5월

수량조정	
기초 재공품 (80% 직접재료원가, 55% 가공원가)	7,500
당기 착수량	97,000
합계	104,500
차공정대체수량	92,500
기말 재공품 수량(65% 직접재료원가, 20% 가공원가)	12,000
합계	104,500

완성품 환산량 단위당 원가

	직접재료원가	가공원가	합계
원가			
기초 재공품	$7,000	$8,000	$15,000
3월 발생원가	106,339	143,840	250,179
합계	$113,339	$151,840	$265,179
수량			
차공정 대체수량	92,500	92,500	
기말 재공품 환산량	7,800	2,400	
합계	100,300	94,900	
환산량 단위당 원가	$1.13	$1.60	$2.73

원가조정		
합계		$265,179
차공정대체원가 (92,500개 × $2.73)		$252,525
기말 재공품 원가		
직접재료원가(7,800 환산량 × $1.13)	$8,814	
가공원가(2,400 환산량 × $1.60)	3,840	12,654
합계		$265,179

▶고급연습문제 3-12. [학습목표 2, 3, 4, 5]

a. 1월 중 발생원가

직접재료원가 = $295,000 + 750,000 + 490,170	$1,535,170
직접노무원가 = $162,500	$162,500
제조간접원가 = ($162,500 ÷ 25) × $70	$455,000
1월 중 발생 총가공원가	$617,500
총 직접재료원가:	$1,535,170
총 가공원가 (162,500 + 455,000):	$617,500

b.

	직접재료원가	가공원가	합계
원가			
기초 재공품	$260,000	$70,055	$330,055
1월 발생액	1,535,170	617,500	2,152,670
합계	$1,795,170	$687,555	$2,482,725
수량			
완성품 수량	29,500	29,500	
기말 재공품 환산량			
(55% 가공원가)	9,500	5,225	
합계	39,000	34,725	
환산량 단위당 원가	$46.03	$19.80	$65.83

1월에 완성한 제품의 원가 29,500 × $65.83 = $1,941,985

c.

	직접재료원가	가공원가	합계
기말재공품			
완성품 환산량(직접재료원가: 9,500 × 100%			
완성 가공원가: 9,500 × 55% 완성)	9,500	5,225	
환산량 단위당 원가	$46.03	$19.80	
기말재공품 원가	$437,285	$103,455	$540,740

▶고급연습문제 3-13. [학습목표 2, 3, 4, 5]

a. 수량조정

기초 재공품 (40% 완성)	600
당기착수	1,000
합계	1,600
완성품	1,300*
기말 재공품 (80% 완성)	300
합계	1,600

*계산은 다음과 같다. 1,600 − 300 = 1,300

b. 환산량 단위당 원가

	직접노무원가	제조간접원가	합계
원가			
기초 재공품	$36,000	$6,000	$42,000
3월 착수	102,600	47,900	150,500
합계	$138,600	$53,900	$192,500
수량			
완성품	1,300	1,300	
기말 재공품 환산량			
(80% 완성)	240	240	
총 환산량	1,540	1,540	
환산량 단위당 원가	$90.00	$35.00	$125.00

c. 1,300 × $125.00 = $162,500

d. 240 × $125.00 = 30,000

$192,500

▶고급연습문제 3-14. [학습목표 2, 3, 4, 5]

수량조정

기초재공품(100% 직접재료원가, 40% 가공원가)	8,000
당기 착수량	31,000
합계	39,000
완성품	30,500*
기말재공품(100% 직접재료원가, 60% 가공원가)	8,500
합계	39,000

*계산은 다음과 같다. 39,000 − 8,500 = 30,500

환산량 단위당 원가

	직접재료원가	직접노무원가	제조간접원가	합계
원가				
기초 재공품	$7,500	$3,400	$ 2,200	$ 13,100
7월 착수량	33,060	10,484	17,024	60,568
합계	$40,560	$13,884	$19,224	$73,668
수량				
완성품	30,500	30,500	30,500	
기말재공품 환산량				
(60% 가공원가)	8,500	5,100	5,100	
합계	39,000	35,600	35,600	
환산량 단위당 원가	$1.04	$0.39	$0.54	$1.97

원가 조정		
총원가		$73,668
완성품 원가(30,500개 × $1.97)		$ 60,085
기말재공품 원가		
직접재료원가 (8,500환산량 × $1.04)	$8,840	
직접노무원가(5,100환산량 × $0.39)	1,989	
제조간접원가(5,100 환산량 × $0.54)	2,754	13,583
총원가		$73,668

▶고급연습문제 3-15. [학습목표 2, 3, 4, 5]

a. 수량 조정

기초 재공품(100% 직접재료원가, 70% 가공원가)	8,000
당기 착수량	83,000
합계	91,000
완성품	89,200 *
기말 재공품 (100%직접재료원가, 80%가공원가)	1,800
합계	91,000

* 계산은 다음과 같다. 91,000 − 1,800 = 89,200

환산량 단위당 원가

	직접재료원가	직접노무원가	제조간접원가	합계
원가				
기초 재공품	$3,000	$300	$ 200	$ 3,500
11월 착수량	71,620	8,764	13,396	93,780
합계	$74,620	$9,064	$13,596	$97,280
수량				
완성품	89,200	89,200	89,200	
기말재공품 환산량				
(80% 가공원가)	1,800	1,440	1,440	
합계	91,000	90,640	90,640	
환산량 단위당 원가	$0.82	$0.10	$0.15	$1.07

b. 완성품 원가 = 89,200 × $1.07 = $95,444

기말 재공품 원가	
직접재료원가(1,800 × $0.82)	$1,476
직접노무원가 (1,440 × $0.10)	144
제조간접원가 (1,440 × $0.15)	216
합계	$1,836

c. 원가조정

총원가	$97,280
완성품 원가 (89,200개 × $1.07)	$95,444
기말 재공품 원가	1,836
합계	$97,280

▶고급연습문제 3-16. [학습목표 2, 3, 4, 5]

a. 환산량 계산

	직접재료원가	가공원가
완성품 수량	110,000	110,000
기말 재공품 환산량		
(45% 가공원가)	20,000	9,000
합계	130,000	119,000

b. 완성품원가 계산

	직접재료원가	가공원가	합계
원가			
기초 재공품	$43,000	$340,300	$383,300
당기 착수량	87,000	733,080	820,080
합계	$130,000	$1,073,380	$1,203,380
환산량	130,000	119,000	
환산량 단위당 원가	$1.00	$9.02	$10.02

완성품 원가 = 110,000 × $10.02 = $1,102,200

c. 기말 재공품 원가 :

직접재료원가 (20,000× $1.00)	$20,000
가공원가 (9,000 × $9.02)	81,180
합계	$101,180

d. 제품 1,102,200

　　재공품 1,102,200

▶고급연습문제 3-17. [학습목표 1]

a. 재공품 144,375

　원재료 144,375

($1.75 × 55% × 150,000 = $144,375)

생산에 투입된 원재료를 기록하다.

b. 재공품 65,625

　미지급임금 65,625

($1.75 × 25% × 150,000 = $65,625)

노무원가를 기록하다.

c. 재공품 52,500

　제조간접원가 52,500

($1.75 × 20% × 150,000 = $52,500)

제조간접원가를 기록하다.

d. 제품 262,500

　재공품 262,500

(144,375 + 65,625 + 52,500 = $262,500)

완성품의 원가를 기록하다.

e. 매출원가 262,500

　제품 262,500

매출원가를 기록하다.

▶고급연습문제 3-18. 측정해야 관리할 수 있다.

a. 생산 수량을 350,000개로 증대한다면 환산량 단위당 원가는 $0.45가 될 것이다.

완성품 수량	350,000,000	
직접재료원가	$17,500,000	(350,000,000 × $0.05)
직접노무원가	35,000,000	(350,000,000 × $0.10)
제조간접원가	105,000,000	
합계	$157,500,000	

환산량 단위당 원가 $0.45 ($157,500,000 ÷ 350,000,000)

유의할 점: 직접재료원가와 직접노무원가는 변동원가이고, 제조간접원가는 고정원가이다.

b. 생산량을 300,000,000개에서 350,000,000개로 증가시키면 단위당 원가는 $0.45로 감소 할 것이다. 그러나 매출이 증대되지 않는다면 재고도 증가하게 될 것이다. 생산량 50,000,000개의 증가는 총원가를 $7,500,000(50,000,000 × $0.15) 증가시킬 것이고, 결국, 단위당 매출총이익이 감소하지 않았는데도 불구하고 전체원가는 증가한 것처럼 보여질 것이다. 이러한 의사결정은 좋은 결정이 아니다.

제 4 장

원가-조업도-이익 분석

Cost-Volume-Profit Analysis

주관식 문제 *Questions*

1. 혼합원가는 고정원가와 변동원가로 구성되어 있다. 예를 들어, 기본 월 급여에 매출의 1% 보너스가 가산된다면 판매 인력에 지급되는 급여는 혼합원가가 될 수 있다.

2. 재량고정원가는 경영자가 단기간에 변동시킬 수 있는 원가이다(예, 광고비). 확정고정원가는 경영자가 단기에 변동시킬 수 없는 원가이다(예, 임차료).

3. 영업 사원에 지급된 수수료와 직접재료원가는 변동원가의 예이다.

4. 임차료와 보험료는 고정원가의 예이다.

5. 영업 사원은 기본급에 수수료가 추가된 보수를 받는다. 여기서 기본급은 고정원가이고, 수수료는 변동원가이다. 그러므로 총 급여는 혼합원가이다.

6. 계정분석법은 경영자의 판단에 따라 고정원가와 변동원가를 분류하는 방법이다. 그런 다음, 단위당 변동원가는 총변동원가를 총조업도로 나누어서 계산하고, 총고정원가와 단위당 변동원가를 이용하여 방정식을 추정한다.

7. 관련범위는 원가추정이 정확할 것으로 기대되는 활동범위이다.

8. 공헌이익은 매출액에서 총변동원가를 차감한 금액이다. 공헌이익률은 공헌이익을 매출액으로 나눈 값이다. 이는 단위당 공헌이익을 단위당 판매가격으로 나누어 계산할 수도 있다.

9. 제품이 이질적이라면(예: 사무용품 업체에서 연필과 컴퓨터), 단위당 가중평균공헌이익을 사용하는 것은 적절하지 않다.

10. 고정원가가 큰 회사는 영업레버리가 크다. 그러므로 연구개발(고정원가)에 대규모 투자를 하는 소프트웨어 회사는 직접 트럭을 보유하지 않는 트럭 운송회사(트럭 운송회사가 고용한 개인 트럭운전사가 트럭을 소유함)에 비해 영업레버리지가 클 것이다.

연습문제 Exercises

▶ 연습문제 4-1. [학습목표 5]

a. 매출이 감소하면, 변동원가는 감소하지만 고정원가는 변하지 않는다. 원가구조에서 고정원가의 비중이 높다면 영업레버리지가 크다. 매출이 감소할 때, 고정원가는 변하지 않고, 변동원가(영업레버리지가 높은 경우에는 변동원가의 비중이 작음)만 감소하기 때문에 이익은 더 빨리 감소한다.

b. 상황에 따라 다양한 답이 가능하겠지만, 존은 아웃소싱을 통해 고정원가를 변동원가로 바꿀 수 있다. 예를 들어 보면, 그는 압축기와 같은 일부 부품의 생산을 아웃소싱할 수 있다. 이를 통해 압축기의 원가를 변동원가로 바꿀 수 있다. 그는 또한 노동자들의 보상을 바꿀 수도 있고, 더 낮은 고정 급여를 제공하지만 더 높은 "시간당 임금(piece rate)"을 제공할 수도 있다.

▶ 연습문제 4-2. [학습목표 4]

오클랜드 힐 골프장은 단위당 공헌이익을, 브룩스 남성의류는 공헌이익률을 사용하는 것이 바람직하다. 그 이유는 오클랜드가 제공하는 골프 라운드 1회 당 서비스는 서로 다르지 않지만, 브룩스가 판매하는 의류의 종류는 다양(예, 셔츠, 정장, 넥타이)하기 때문이다.

▶ 연습문제 4-3. [학습목표 4]

킬로그램 당 변동원가 = $4

킬로그램 당 가격 = $6

킬로그램 당 공헌이익 = $6 − $4 = $2

고정원가 = $20,000

손익분기점 판매량 = $20,000 / $2 = 10,000 킬로그램

목표이익 $10,000를 달성하기 위한 판매량 = ($20,000 + $10,000) / $2 = 15,000 킬로그램

▶ 연습문제 4-4. [학습목표 1]

감가상각비는 고정원가이다.

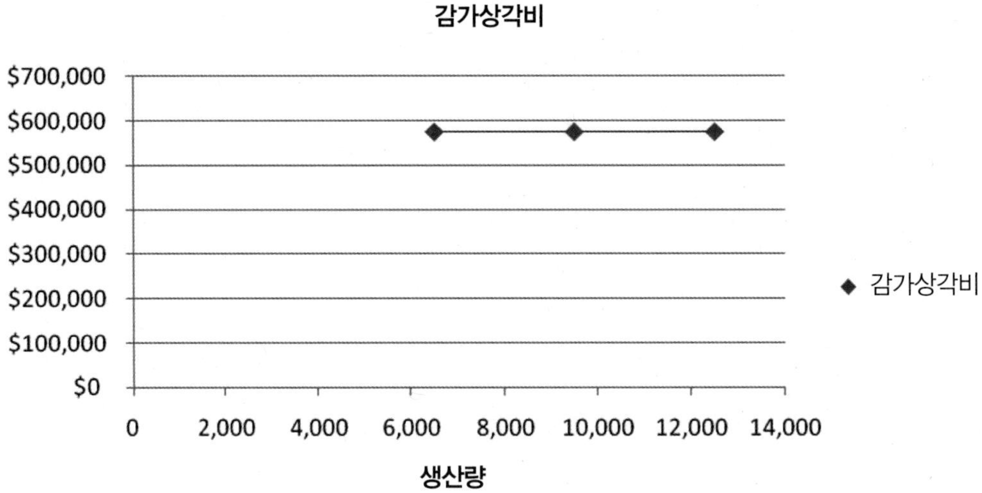

직접노무원가는 변동원가이다.

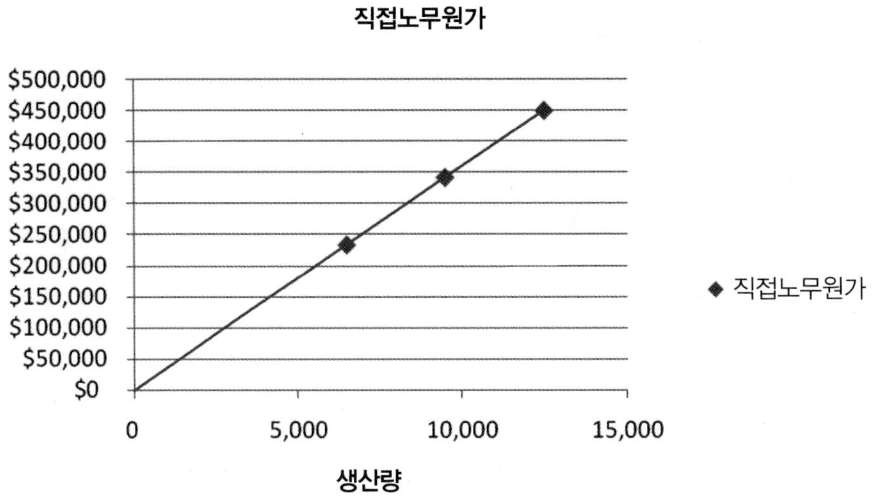

통신비는 혼합원가이다. 직선의 y축 절편은 $80,000이다.

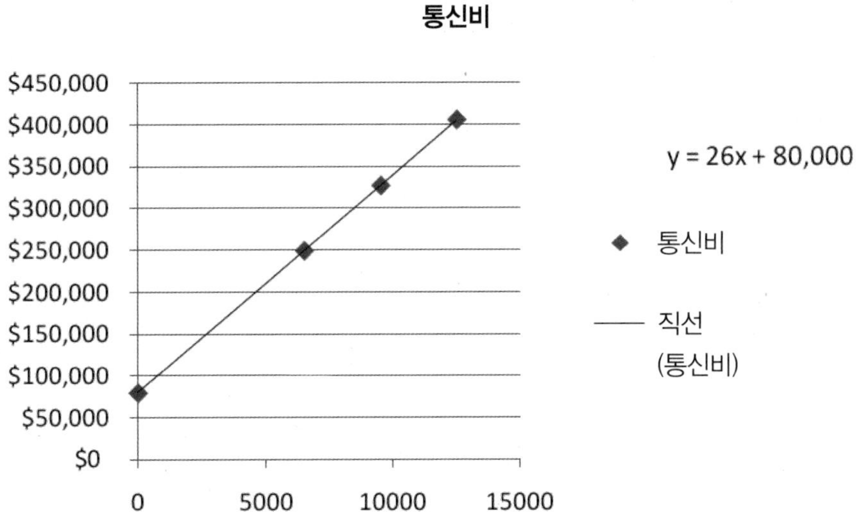

▶연습문제 4-5. [학습목표 2]

($22,000 − $9,000) ÷ (950,000 − 300,000) = 단위당 변동수선원가 $0.02/복사수량

$22,000 − ($0.02 × 950,000) = 고정수선원가 월 $3,000

▶연습문제 4-6. [학습목표 2, 부록]

a. 최고 활동수준에서 조업도와 원가는 35,000개, $240,000이고, 최저 활동수준에서는 19,000개, $160,000이다.

($240,000 − $160,000) ÷ (35,000 − 19,000) = 단위당 변동원가 $5/판매수량

$240,000 − ($5 × 35,000) = 고정원가 월 $65,000

그러므로, 원가 = $65,000 + ($5 × 티켓판매수량)

b. 티켓판매량이 15,000매 증가하면 이익은 $ 300,000 증가한다(즉, ($25 × 15,000) − ($5 × 15,000) = $300,000).

c. 회귀분석에서 판매된 티켓 당 변동원가는 $ 4.35675이고, 고정원가는 월 $86,620.20이다.

회귀분석에서 티켓 판매량이 15,000매 증가하면 이익은 $309,649 증가할 것이다.

(즉, ($25 × 15,000) − ($4.35675 × 15,000) = $309,648.75).

SUMMARY OUTPUT

Regression Statistics	
Multiple R	0.963377847
R Square	0.928096875
Adjusted R Square	0.920906563
Standard Error	6023.517759
Observations	12

ANOVA

	df	SS	MS	F
Regression	1	4683234838	4683234838	129.076014
Residual	10	362827661.9	36282766.19	
Total	11	5046062500		

	Coefficients	Standard Error	t Stat	P-value
Intercept	86620.19759	10010.74136	8.652725555	5.8862E-06
No. of Tickets Sold	4.356750823	0.383477554	11.36116253	4.87838E-07

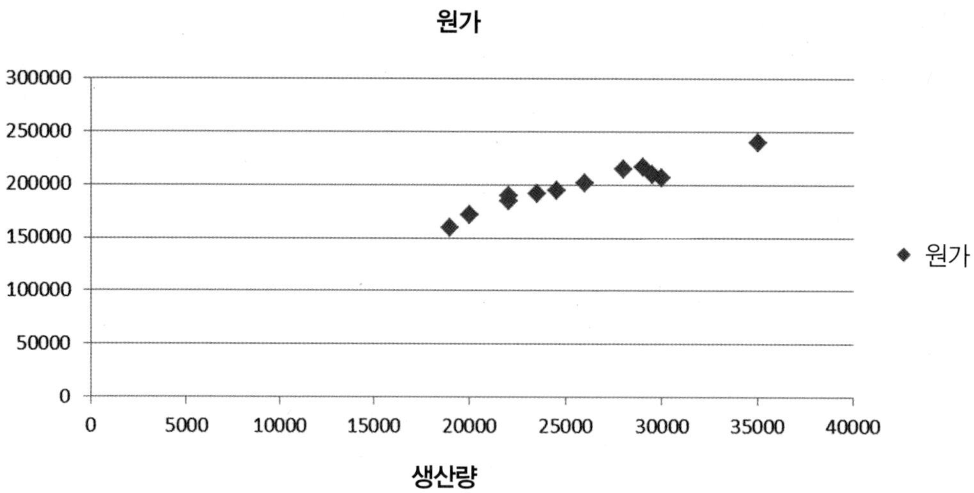

▶ 연습문제 4-7. [학습목표 2]

a.

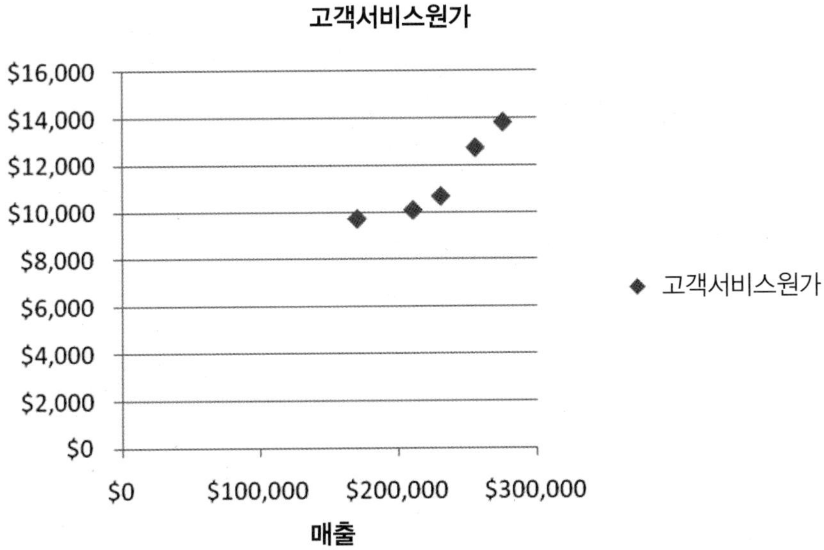

b. 매출액 $ 210,000에서 $ 275,000까지는 대략적으로 직선이 선형에 가까운 것으로 나타났다. 그러나 매출액 $170,000의 경우는 다른 산포도와 차이가 있어 극단치로 간주할 수 있다.

▶ 연습문제 4-8. [학습목표 2]

a. 단연코 신입직원 채용에 있어서 변동원가는 직원급여, 사무용소모품이다(인사부장 급여는 고정원가이다). 이 문제의 경우, 변동원가는 채용인원당 $ 505[($30,000 + $300) ÷ 60명 채용) 이고, 고정원가는 $10,000 이다.

b. 75 명의 신입 사원에 대한 6 월의 예상 원가는 다음과 같다.
$10,000 + ($505 × 75) = $47,875

c. 15명 추가 고용과 관련된 증분원가는 $7,575 (즉, $505 × 15) 이다.

▶ 연습문제 4-9. [학습목표 2, 3]

a. 유일한 변동원가는 식음료비 ($29,400)이다. 이 경우, 판매된 티켓 당 변동원가는 다음과 같다:

총변동원가(식음료비)	$29,400
÷ 티켓판매량	4,200
판매된 티켓 당 변동원가	$7.00

월간 고정원가:	
작가 로열티 / 수수료	$80,000
급여(배우, 매표소, 좌석안내원 등)	165,000
임차료	60,000
수도광열비	7,000
감가상각비–극장 설비	14,000
사장급여	10,000
월간고정원가	$336,000

b. 단위당 공헌이익은 = $25 + $10 − $7 = $28이다. 따라서, 공헌이익율은 = $28 ÷ ($25 + $10) = 0.8이다. 즉, 회사는 매출액이 $1 증가할 때 공헌이익은 80센트 증가한다.

▶ 연습문제 4-10. [학습목표 2]

a. 변동원가:

직접재료원가	$ 63,000
직접노무원가	24,000
기타설비(80% 변동)	3,600
감독자 급여 (25% 변동)	6,300
설비수선비(80% 변동)	5,200
간접재료원가	600
공장유지관리비(20% 변동)	800
총변동원가	$103,500
나누기 생산수량	1,500
단위당 변동원가	$69

월간고정원가:

감가상각비	$8,000
통신료	300
기타설비(20% 고정)	900
감독자 급여(75% 고정)	18,900
설비수선비(20% 고정)	1,300
공장 유지관리비(80% 고정)	3,200
월간 총고정원가	$32,600

b. 500 단위를 생산하는데 있어서 증분원가는 $34,500 (즉, 단위당 $69 변동원가 × 500 단위)이다.

▶연습문제 4-11. [학습목표 3]

a. 손익분기점은 고정원가를 단위당 공헌이익으로 나눈 값과 동일하다. 따라서, 손익분기점 판매량은 케익 25개[즉, $ 8,750 ÷ ($600 − $250)= 25개] 이다.

b. ($8,750 + $7,000) ÷ ($600 − $250) = 45개

회사는 $ 7,000의 목표이익을 얻기 위해서는 케익 45개를 판매해야 한다.

▶연습문제 4-12. [학습목표 3]

a. 주어진 자료에서 매출액 $1당 변동원가는 $0.30이므로, 공헌이익율은 $0.70이다. 손익분기점 매출액은 고정원가를 공헌이익율로 나눈 값과 동일하다. 따라서 손익분기점 매출액은 $500,000[즉, $350,000 ÷ 0.70 = $500,000] 이다.

b. ($350,000 + $70,000) ÷ 0.70 = $600,000

c. 예상이익은:

($1,000,000 × 0.70) − $350,000 = $350,000

▶ 연습문제 4-13. [학습목표 3]

a. 공헌이익은 $700 ($1,000 − $300) 이다.

b. 스피커 8쌍 이상을 판매할 경우에 이익에 미치는 영향은 $5,600 ($700 × 8)이다.

c. 공헌이익율은 $700 ÷ $1,000 = 0.70이다.

d. 이익의 증가는 $10,000 × 0.70 = $ 7,000이다.

▶ 연습문제 4-14. [학습목표 3]

a. 기대이익은 $1,000 (125) − $300 (125) − $49,000 = $38,500이다.

b. 공헌이익율은 $700 ÷ $1,000 = 0.70이다.

손익분기점매출액은 $49,000 ÷ 0.70 = $70,000이다.

예상매출액은 125 × $1,000 = $125,000이다.

안전한계매출액은 예상매출액에서 손익분기점 매출액을 차감한 금액이다.

$125,000 − $70,000 = $55,000

▶ 연습문제 4-15. [학습목표 3]

기대이익은 $1,200 (125) − $300 (125) − $49,000 = $63,500이다.

▶ 연습문제 4-16. [학습목표 4]

a. 가중평균공헌이익률은 $630,000 ÷ $1,800,000 = 0.35이다.

b. ($440,000 − $370,000) ÷ 0.35 = $200,000. $1,800,000 + $200,000 = $2,000,000 다른 계산식은 ($440,000 + $260,000) ÷ 0.35 = $2,000,000이다.

c. 세 부문의 공헌이익률은 다음과 같다:

부문 A ($180,000 ÷ $450,000) = 0.40

부문 B ($150,000 ÷ $600,000) = 0.25

부문 C ($300,000 ÷ $750,000) = 0.40

모든 것이 동일할 때 주간 광고에서 가장 강조를 해야 할 부문은 부문 A와 C이다. 그 이유는 부문 A와 C는 매출 증분 1달러당 $0.40를 버는 반면 B부문은 $0.25달러밖에 벌지 못하기 때문이다.

▶ 연습문제 4-17. [학습목표 4, 5]

a. 전년도 즉 현재, 매출액이익률은 $370,000 ÷ $1,800,000 = 20.56% 이다.

b. 가중 평균 공헌이익율은 $630,000 ÷ $1,800,000 = 0.35 이다.
그러므로, 매출이 15%증가하면, 이익의 증가는 다음과 같다:

증가된 매출액 ($1,800,000 × 15%)	$270,000
× 공헌이익률	0.35
증가된이익	$94,500

새로운 매출수준 ($1,800,000 + $270,000) = $2,070,000
새로운 이익수준 ($370,000 + $94,500) = $464,500
그러므로, 새로운 매출액이익률은 22.44%가 될 것이다(즉, $464,500 ÷ $2,070,000).

매출이 증가할 때, 변동원가는 증가하지만, 고정원가는 증가하지 않는다. 따라서, 매출이 증가할 때, 매출액이익률은 더 크게 증가할 것이다.

▶ 연습문제 4-18. [학습목표 6]

a.

	악보대 A	악보대 B
판매가격	$110	$100
변동원가	50	64
공헌이익	60	36
÷ 1개 생산하는데 필요한 시간	2	1
시간당 공헌이익	$30	$36

회사는 악보대 B를 생산해야 한다. 350시간을 이용하여 생산할 경우 악보대 A의 공헌이익은 $12,600($36 × 350시간)이지만, 악보대 B의 공헌이익은 $10,500($30 × 350시간) 이기 때문이다.

b. 회사가 15시간의 추가작업시간을 더 투입할 수 있다고 한다면 악보대 B를 추가적으로 생산해야 한다. 15시간 추가작업으로 인한 증분이익은 $540 (시간당 공헌이익 $36 × 15시간) 이다.

고급연습문제 Problems

▶고급연습문제 4-1. [학습목표 1]

a. 건물 감가상각비 - 고정원가

b. 레스토랑 직원 인건비 - 혼합원가

c. 관리직원의 인건비 - 고정원가

d. 객실에 비치되어 있는 비누, 삼푸 등 욕실용품 - 변동원가

e. 세탁 원가 - 혼합원가

f. 식음료 원가 - 변동원가

g. 호텔시설관리비 - 고정원가

▶고급연습문제 4-2. [학습목표 2, 3]

a. 변동원가

부품원가	$71,000
소모품비	2,500
조립노무원가	25,000
운반비	2,000
합계	$100,500

AV수신기 단위당 변동원가는 ($100,500 ÷ 150) = $670 이다.

임차료	$2,300
감독자 급여	5,600
전력비	350
통신비	280
가스비	300
광고비	2,600
관리비	15,000
합계	$26,430

b. 8월 한달 간 예상원가 = $670 (175) + $26,430 = $143,680 이다.

c. 공헌이익 = 판매가 − 변동원가 = $1,300 − $670 = $630

d. 175대를 판매할 경우 예상이익 = $1,300 (175) − $670 (175) − $26,430 = $83,820

e. 특별주문으로 인해 증가한 이익은 ($1,050 − 670) × 120 = $45,600이다.

▶고급연습문제 4-3. [학습목표 2, 3]

a.

	생산량	원가
최고	170	$143,910
최저	130	116,990
	40	$26,920

단위당 변동원가 = $26,920 ÷ 40 = $673

170 단위에서 총원가	$143,910
차감 변동원가 ($673 × 170)	114,410
고정원가	$29,500

b. 손익분기점 판매량 = $29,500 ÷ ($1,300 − $673) = 약 47대

c. 안전한계 = 175 − 47 = 128대.
안전한계 매출액 128 × $1,300 = $166,400

d. 총이익 = ($1,300 × 175) − ($673 × 175) − $29,500 = $80,225

e. 고저점법의 가장 큰 단점은 자료에서 극단치의 영향을 받는다는 것이다. 또한 많은 자료 중에서 최고와 최저 단지 두 자료만을 이용하여 방정식을 추정한다는 점에서 문제가 있다.

▶고급연습문제 4-4. [학습목표 2, 부록]

a. 이 결과물은 엑셀의 추가기능인 회귀함수를 사용하여 도출되었다. 엑셀에서 도구메뉴로 들어간 다음 데이터분석, 회귀분석으로 이동 한다. 만일 도구메뉴에서 데이터분석을 사용 할 수 없거나 데이터 분석에서 회귀분석을 사용할 수 없는 경우, 엑셀의 “추가 기능”을 사용하여 추가한다.

SUMMARY OUTPUT

Regression Statistics	
Multiple R	0.998433139
R Square	0.996868734
Adjusted R Square	0.996555607
Standard Error	460.0103314
Observations	12

ANOVA

	Df	SS	MS	F
Regression	1	673679196.6	67367196.6	3183.596109
Residual	10	2116095.05	211609.505	
Total	11	675795291.7		

	Coefficients	Standard Error	t Stat	P-value
Intercept	28968.56436	1777.912568	16.29358208	1.57514E-08
Units	676.2970297	11.98611658	56.42336492	7.41768E-14

회귀분석결과, 고정원가는 $28,968.56이고, 변동원가는 단위당 $676.30이다.

b. 추정값 비교

	변동원가	고정원가
계정분석법	$670	$26,430
고저점법	$673	$29,500
회귀분석법	$676	$28,969

회귀분석은 데이터를 대량으로 처리할 수 있고, 주관이 덜 개입된다는 점에서 가장 좋은 방법이다.

▶고급연습문제 4-5. [학습목표 3]

a. 운항횟수

(주당 6회 × 52 주)	312
운항수익($360 × 5명)	$1,800
총수익 ($1,800/운항 × 312운항)	$561,600
변동원가:	
연료비	$147,977
유지보수비	127,920
총변동원가	$275,897
운항횟수 당 변동원가 ($275,897 ÷ 312)	$884.29
운항횟수 당 공헌이익($1,800 − $884.29)	$915.71
고정원가:	
조종사급여	$ 70,000
비행기 감가상각비	25,000
사무용비품 감가상각비	2,800
임차료	40,000
보험료	20,000
잡비	7,500
총고정원가	$165,300

손익분기점운항횟수 = ($165,300 ÷ $915.71) = 181회

b. 마이클의 급여를 $ 110,000로 인상할 경우, 고정원가는 $40,000가 증가하여 $205,300가 될 것이다. 따라서 손익분기점 운항횟수는 ($205,300 ÷ $915.71) 224회 이다.

c. 왕복운항당 평균세전이익은 $120,403 ÷ 312 = $385.91이다.

d. 왕복운항횟수를 증가시킬 경우 증분이익은 운항횟수당 공헌이익에 해당하는 $ 915.71이다.

▶고급연습문제 4-6. [학습목표 2, 3]

a. 계정분석법

월간고정원가(4월자료):

주간 관리자 급여	$4,500
야간 관리자 급여	3,900
감가상각비	12,500
	$20,900

객실당 변동원가(4월 자료):

청소인력인건비	$15,960
객실요금에 포함된 조식	5,050
총변동원가	21,010
÷ 객실 수	1,700
객실당 변동원가	$12.36

b. 고저점법

($42,715 − $41,910) ÷ (1,950 − 1,700)객실수 = $3.22 객실당 변동원가

$41,910 − $3.22 × (1,700 객실) = $36,436 월간고정원가

c. $120.00 − $3.22 = $116.78 객실당 공헌이익

▶고급연습문제 4-7. [학습목표 2, 3]

a. 모든 원가가 변동원가라면 이익은 매출에 비례할 것이라는 가정이 잘못된 가정이다. 예를들면 등록비와 민디 오웰의 인건비는 매출과 관계 없는 고정원가이다.

b.

매출액	$25,200
차감 매출원가(55% 전년도 매출액 대비)	13,860
매출총이익	11,340
차감 기타비용:	
등록비	1,800
부스임차료(매출액의 6%)	1,512
민디 오웰 인건비	450
세전이익	$7,578

▶**고급연습문제 4-8. [학습목표 1, 2, 3]**

매출액	$1,600,000	$1,700,000	$1,800,000	$1,900,000	$2,000,000
매출원가	960,000	1,016,000	1,064,000	1,112,000	1,160,000
매출총이익	640,000	684,000	736,000	788,000	840,000
차감:					
직원급여	280,000	280,000	280,000	280,000	280,000
임차료	40,000	40,000	40,000	40,000	40,000
수도광열비	8,000	8,000	8,000	8,000	8,000
광고비	7,000	7,000	7,000	7,000	7,000
세전영업이익	305,000	349,000	401,000	453,000	505,000
직원상여금	91,500	104,700	120,300	135,900	151,500
세전이익과 소유주인출	$213,500	$244,300	$280,700	$317,100	$353,500

전년도 매출원가는 매출액의 60%였다. 따라서 내년에 $1,000,000의 부품을 구매할 경우에 상응하는 매출액은 $1,666,667($1,000,000 ÷ 0.60)이다. 그러므로 매출이 $,1,700,000일 때 부품의 원가 즉, 매출원가를 계산하는 방법은 다음과 같다.

$1,000,000 + [($1,700,000 − $1,666,667) × 0.60 × 0.8] = $1,016,000

▶**고급연습문제 4-9. [학습목표 2]**

a. 생산원가:

($112,978 − $83,007) ÷ (138 − 97) = $731 단위당 변동원가

$112,978 − ($731 × 138) = $12,100 월간고정원가

판매비와 관리비:

($28,030 − $22,495) ÷ (138 − 97) = $135 단위당 변동원가

$28,030 − ($135 × 138) = $9,400 월간고정원가

b. 매출액(1,650개 × $900) $1,485,000

차감 : 생산원가

($12,100 × 12) + ($731 × 1,650) 1,351,350

차감 : 판매비와 관리비

($9,400 × 12) + ($135 × 1,650) 335,550

이익(손실) ($201,900)

▶고급연습문제 4-10. [학습목표 2, 3]

a. 최고점은 310건의 대출에서, $55,725의 비용이 발생한 7월이고, 최저점은 170건의 대출에서 $48,550의 비용이 발생한 2월이다. 대출건수당 변동원가의 계산은 다음과 같다:

대출건당 변동원가 = 원가변화량 ÷ 대출건수 변화량

대출건수당 변동원가 = ($55,725 − $48,550) ÷ (310 − 170)

= $51.25

최고점을 이용하여 다음과 같이 고정원가를 계산할 수 있다.

총원가 = 고정원가 + (변동원가 × 대출건수)

$55,725 = 고정원가 + ($51.25 × 310)

고정원가 = $39,837.50

그러므로, 원가함수는 다음과 같다:

총원가 = $39,837.50 + $51.25(X)

여기서 X = 활동수준

b. 대출건수당 공헌이익 = $500 − $51.25 = $448.75

손익분기점 = 고정원가 ÷ 대출건수당공헌이익

= $39,837.50 ÷ $448.75 = 89건 (소수점은 반올림하여 실수로 표시)

c. 총원가 = $39,837.50 + $51.25(X)

X에 275를 대입하면:

총원가 = $39,837.50 + $51.25(275)

= $53,931

매출액(275건, @ $500)	$137,500
차감: 원가(위에서 계산된)	53,931
예상이익	$83,569

d.

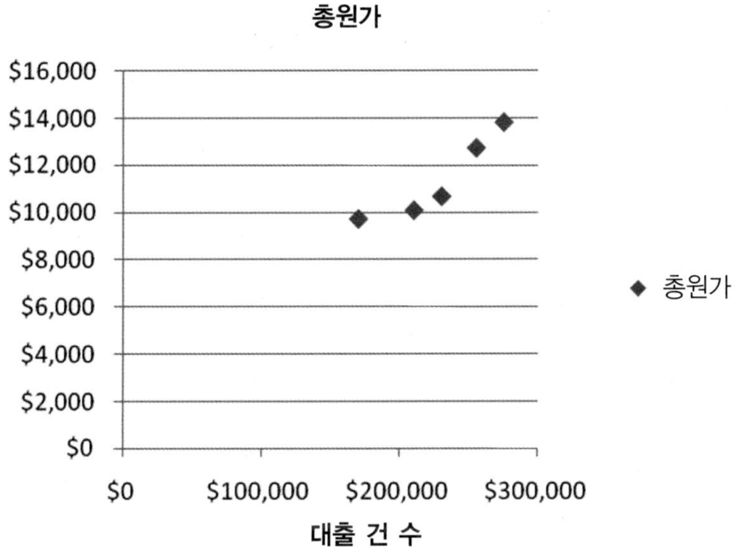

e. 고저점법은 변동원가와 고정원가에 대한 합리적인 추정치를 제공할 것으로 보인다. 점들은 대체로 선형관계를 가지고 있다. 최고점과 최저점을 연결하는 선을 그리면, 이 선은 일반적으로 나머지 자료를 대표하게 될 것이다. 그러나 이 선은 완벽하게 적합하지는 않다. 잠재적 이상치는 8월, 240건, $54,420이 될 수 있다.

▶고급연습문제 4-11. [학습목표 3]

a.	총액	단위당	비율
매출액($1,200 × 1,600 서비스건수)	$1,920,000	$1,200	100.00%
차감 변동원가	1,184,000	$740*	61.67%
공헌이익	736,000	$460	38.33%
차감 고정원가	300,000		
영업이익	$436,000		

*($1,184,000 ÷ 1,600)

손익분기점판매량 = $300,000 ÷ $460 = 652 건 (실수로 반올림)

공헌이익율 = $460 ÷ $1,200 = 38.33%

손익분기점매출액 = $300,000 ÷ 38.33% = $782,677 (실수로 반올림)

b. 안전한계판매량 = 1,600 − 652 = 948건

안전한계매출액 = $1,920,000 − $782,400 = $1,137,600

c. 목표이익판매량 = ($300,000 + $500,000) ÷ $460 = 1,739 건 (실수로 반올림)

목표이익매출액 = ($300,000 + $500,000) ÷ 38.33% = $2,087,138 (실수로 반올림)

d. 새로운 손익계산서

	총액	단위당	비율
매출액($1,920,000 + $300,000)	$2,220,000	$1,200	100%
차감 변동원가*	1,369,000	$740	61.67%
공헌이익	851,000	$460	38.33%
차감 고정원가 ($300,000 + $75,000)	375,000		
영업이익	$476,000		

*서비스 건수 = 1,600 + ($300,000 ÷ $1,200) = 1,850

서비스 건당 변동원가 = $740

총 변동원가 = $740 × 1,850 = $1,369,000

광고비를 증가시켜야 한다. 왜냐하면 영업이익이 $430,600에서 $476,000로 증가하기 때문이다.

▶고급연습문제 4-12. [학습목표 4]

a.

	오디오	비디오	차량용 스테레오
공헌이익	$1,137,500	$ 468,000	$ 624,000
매출액	3,250,000	1,950,000	1,300,000
공헌이익율 (공헌이익 ÷ 매출액)	0.35	0.24	0.48

b. 오디오 매출이 $125,000 증가하면 이익은 $43,750($125,000 × 0.35) 증가할 것이다. 반면, 비디오는 $30,000의 이익이, 차량용은 $60,000의 이익이 증가할 것이다. 따라서 모든 조건이 동일하다면, 차량용 제품을 증가시키는 것이 최선이라 할 수 있다.

c. 가중평균공헌이익율은 $2,229,500 ÷ $6,500,000 = 0.343 이다.

손익분기점매출액은 다음과 같다:
(직접고정원가 + 공통고정원가) ÷ 공헌이익율
($785,000 + 710,000) ÷ 0.343 = $4,358,601

d. $1,800,000의 이익을 얻기 위한 매출액은 다음과 같다.
($1,800,000 + $785,000 + $710,000) ÷ 0.343 = $9,606,414

e. 오디오 매출액 = ($3,250,000 ÷ 6,500,000) × $9,606,414 = $4,803,207
비디오 매출액 = ($1,950,000 ÷ 6,500,000) × $9,606,414 = $2,881,924
차량용 매출액 = ($1,300,000 ÷ 6,500,000) × $9,606,414 = $1,921,283

▶고급연습문제 4-13. [학습목표 4, 5]

a. 가중평균공헌이익률은 $618,100 ÷ $1,500,000 = 0.412067 이다.
그러므로, 매출이 15%($1,500,000 × 0.15 = 225,000) 증가할 때 이익은 다음과 같다.

매출액 증가	$225,000
곱하기 가중평균공헌이익율	0.412067
이익 증가	$92,715

그러므로, 이익은 28.26% ($92,715 ÷ $328,100) 증가할 것이다.

이익의 증가는 매출의 증가보다 더 급격하게 증가할 것이다. 왜냐하면 고정원가는 매출에 비례해서 증가하지 않기 때문이다.

b. 컴퓨터 가드사의 사장이 공헌이익률보다 단위당 공헌이익을 중요하게 생각한다면 컨설팅, 교육훈련, 혹은 수리서비스와 관련한 작업시간을 서비스 단위로 간주할 것이다. 예를 들어, 과거에 회사는 7,500시간을 작업하였다면, 시간당 가중평균공헌이익률은 $82.41 ($618,100 ÷ 7,500시간)가 될 것이다.

▶고급연습문제 4-14. [학습목표 4]

a.

	스매셔	바셔	딩커	합계
판매수량	2,000	3,000	3,000	8,000
매출액	$150,000	$180,000	$120,000	$450,000
차감: 변동원가	80,000	75,000	35,000	190,000
공헌이익	$70,000	$105,000	$85,000	260,000
차감 고정원가				140,000
이익				$120,000

단위당 가중평균공헌이익은 $32.50 [($35 × 2) + ($35 × 3) + ($28.33 × 3)] ÷ (2 + 3 + 3) 이다. 다른 방법으로는 $260,000 ÷ 8,000 = $32.50으로 계산할 수 있다.

b. 손익분기점판매량은 $140,000 ÷ $32.50 = 4,308 이다.(소수점 반올림)

c. 각 제품의 손익분기점 판매량의 계산은 다음과 같다:

	스매셔	바셔	딩커	합계
손익분기점 판매량(합계)	4,308	4,308	4,308	
곱하기 매출배합 %*	25.00%	37.50%	37.50%	
제품별 손익분기점판매량	1,077	1,616	1,616	4,309

(주: 소수점 차이는 반올림 차이)

*제품별 판매수량 ÷ 총 판매수량

d. 가중평균공헌이익율은 $260,000 ÷ $450,000 = 57.78%이다.

e. $ 125,000 이익을 달성하는 데 필요한 매출액은 ($140,000 + $125,000) ÷ 57.78% = $458,636이다. (소수점 반올림)

f. $125,000의 목표이익을 획득하기 위한 각 제품별 매출액의 계산은 다음과 같다:

	스매셔	바셔	딩커	합계
매출액	$150,000	$180,000	$120,000	$450,000
상대적 비율	33.33%	40.00%	26.67%	100.00%
곱하기 목표매출액	$458,636	$458,636	$458,636	
제품별 목표매출액	$152,863	$183,454	$122,318	$458,635

(주: 소수점 차이는 반올림 차이)

▶ **고급연습문제 4-15. [학습목표 5]**

a. 이클리온사의 영업레버리지가 높다(고정원가 $90,000,000, 스토리스사의 고정원가는 $37,500,000).

b. 매출액이 20% 증가한다면, 스토리스사의 이익은 53% 변화할 것이고, 이클리온사의 이익은 100 % 변화할 것입니다.

	이클리온	스토리스
공헌이익의 변화	$22,500,000	$12,000,000
전년도 이익	22,500,000	22,500,000
변화율	100%	53%

c. 이클리온사가 더 위험하다. 예를 들어 매출이 20% 감소하면 이익은 100% 감소하기 때문이다 (스토리스사는 53% 감소).

▶ **고급연습문제 4-16. [학습목표 6]**

a. 저기스는 이 문제에 적절한 방법으로 접근하지 못하고 있다. 저기스는 작업시간 당 이익보다는 작업시간당 공헌이익에 초점을 맞추어 이 문제를 해결해야 한다.

2,500 단위를 판매할 경우, 공헌이익은 $1,500,000이다. 이 공헌이익을 창출하는데 12,500 조립시간이 필요하였다. 따라서 조립시간당 공헌이익은 $120이다.

따라서 5시간을 추가적으로 더 작업한다면 이익은 $120 × 5 = $600(제품 단위당 공헌이익)가 될 것이다.

b. 저기스는 추가 작업시간의 이익을 과소평가하였다. 시간당 이익에 초점을 맞추면 작업시간에 비례해서 변화하지 않는 고정원가도 포함하게 된다. 저기스가 작업시간당 $62.40로 평균이익을 추정하였으나 실제는 시간당 $ 120이다.

따라서, 5시간 추가 작업시간으로 인해 저기스는 $312의 이익증가를 기대한다(즉, $62.40 × 5시간). 하지만 실제이익은 $ 600이다 (즉, $120 × 5시간).

c. 저기스가 시간당 $20의 초과근무수당을 지불한다면, 시간 당 $100의 증분이익을 창출 할 수 있다($120 − $20).

▶고급연습문제 4-17. [학습목표 6]

a. Mx100의 조립 시간당 공헌이익이 더 크다. 따라서 Nx100은 최소한으로 생산하고, 남은 조립 시간은 모두 Mx100 생산에 투입해야 한다.

Nx100을 4,000 단위 생산하기 위해서는 12,000 작업시간이 필요하다. Mx100을 생산하는데 200,000시간 중 나머지 188,000시간을 사용할 수 있으며, Mx100은 94,000켤레를 생산할 수 있다(188,000 ÷ 2시간 = 94,000).

Nx100에 대한 공헌 이익은 단위당 $115 ($2,300,000÷20,000)이고, Mx100에 대한 공헌 이익은 단위당 $95($7,600,000÷80,000)이다.

Nx100 공헌이익	
($115 × 4,000)	$460,000
Mx100 공헌이익	
($95 × 94,000)	8,930,000
합계	$9,390,000

b. Nx100을 6,000켤레 생산하기 위해서는 18,000 작업시간이 필요하다. 이로 인해 Mx100을 생산하는데 200,000시간 중 182,000시간이 이용가능하며, 이로인해 Mx100은 91,000켤레를 생산할 수 있다(182,000 ÷ 2시간 = 91,000).

Nx100의 공헌이익	
($115 × 6,000)	$690,000
Mx100의 공헌이익	
($95 × 91,000)	8,645,000
합계	$9,335,000

총공헌이익은 $55,000 감소하였으므로 6,000켤레의 Nx100을 생산하는 것에 대한 기회원가는 $55,000이다.

▶**고급연습문제 4-18. [학습목표 2, 부록]**

정상가 판매에서 증가된 매출액	$3,000,000
차감 20% 할인	600,000
할인 후 매출액 증가	2,400,000
차감 증분원가	
0.53082433 × $3,000,000	1,592,473
증분이익	$807,527

회귀분석은 정상판매가격을 이용하여 추정되었다. 따라서 증분원가도 정상 판매가격을 이용하여 계산해야 한다.

제5장

변동원가계산

Variable Costing

주관식 문제 *Questions*

1. 전부원가계산에서 고정제조간접원가는 제품원가로, 변동원가계산에서는 기간비용으로 인식한다.

2. 생산이 판매를 초과하는 경우, 고정제조간접원가의 일부분은 재고자산에 남아 있다. 그러나, 변동제조간접원가에서는 고정제조간접원가 모두가 기간비용으로 처리된다. 따라서 생산이 매출보다 많으면, 전부원가계산하의 이익이 변동원가계산하의 이익보다 크다.

3. 변동원가계산은 고정원가와 변동원가의 구분이 가능하고, 공헌이익에 관한 정보도 제공하여 주므로 C-V-P 분석에서 유용하게 활용된다. 또한, 변동원가계산에서 경영자는 기대되는 판매량보다 더 많이 생산하여 고정제조간접원가의 일부를 재고자산에 남겨둔다고 하여도 인위적으로 이익을 조작할 수가 없다.

4. JIT를 도입한 기업은 재공품재고, 제품재고의 수준이 낮다. 따라서 회사가 전부원가계산제도를 사용한다고 해도, 기말재고에 포함된 고정제조간접원가의 금액은 미미할 것이며, 대부분 매출원가에서 비용처리될 것이다.

5. 전부원가계산에서 기말재고는 직접재료원가, 직접노무원가, 변동제조간접원가, 그리고 고정제조간접원가를 포함한다. 변동원가계산에서 기말재고는 직접재료원가, 직접노무원가, 변동제조간접원가만 포함한다. 그러므로, 변동원가계산에서의 기말재고 잔액은 전부원가계산에서의 기말잔액보다 항상 작다 (잔액이 0이 아니라고 가정할 경우).

6. 전부원가계산이 더 높은 이익을 보고한다. 그 이유는 생산량이 판매량보다 많으므로 고정제조간접원가의 일부분이 기말재고에 남아 있기 때문이다. 그러나 변동원가계산에서는 모든 고정제조간접원가가 기간 비용으로 처리되기 때문에 전부원가계산 하에서의 이익이 변동원가계산하에서의 이익보다 더 크다.

7. 변동원가계산이 더 높은 이익을 보고한다. 그 이유는 판매량이 생산량 보다 더 많으므로 전부원가계산 하에서 매출원가로 비용화된 고정제조간접원가의 금액이 변동원가계산 하에서 기간 비용화된 고정제조간접원가의 금액 보다 더 크기 때문이다.

8. 변동원가계산에서 고정제조간접원가는 발생시점에 기간비용으로 처리한다. 반면, 전부원가계산에서 고정제조간접원가는 제품이 판매되기 전에는 재고자산에 남아 있다가 제품이 판매되는 시점에서 매출원가로 비용처리 한다.

9. 단위당 고정제조간접원가는 총고정제조간접원가를 생산수량으로 나누어 계산한다. 그런 다음 단위당 고정제조간접원가를 기말재공수량에 곱한 금액만큼 기말재고에 남아 있게 된다. 회사가 생산을 많이 할수록 기말재고에 남아 있는 고정제조간접원가 도커지게 된다.

연습문제 Exercises

▶ 연습문제 5-1. [학습목표 2]

변동원가계산 손익계산서는 공헌이익정보를 제공한다. 공헌이익을 매출액으로 나누면 공헌이익율이 계산되는데, 이 정보를 이용하여 매출의 증가에 따른 이익의 증가를 평가할 수 있다.

▶ 연습문제 5-2. [학습목표 2]

생산을 증가시키는 것은 기말제품에 고정제조간접원가가 비용처리지 않고 미소멸 자산으로 남아있게 된다. 예를 들어, 회사가 50,000단위를 생산하고 판매하면, 고정제조간접원가 $24,000,000 모두는 매출원가로 비용처리 될 것이다. 그러나, 만일 회사가 60,000 단위를 생산하는 경우, 단위당 고정제조간접원가는 $400가 된다. 회사가 50,000 단위를 판매할 때 매출원가는 $20,000,000($400 × 50,000) 이고, $4,000,000($400 × 10,000)는 기말재고로 남게 된다. 내년도 매출의 증가가 기대되지 않는다면 재고의 증가는 주주에게 실제로 돌아가는 이익의 증가가 아니라 단지 보고서 상의 이익의 증가만 기록하게 될 것이다.

▶ 연습문제 5-3. [학습목표 1]

전부원가계산:

직접재료원가	$500,000
직접노무원가	400,000
변동제조간접원가	800,000
	$1,700,000
가산 고정제조간접원가	1,000,000
	$2,700,000
나누기 생산량	5,000
단위당 원가	$540
변동원가계산:	
직접재료원가	$500,000
직접노무원가	400,000
변동제조간접원가	800,000
	$1,700,000
나누기 생산량	5,000
단위당 원가	$340

▶ 연습문제 5-4. [학습목표 1]

단위당 변동원가	$450
단위당 고정제조간접원가	
($600,000 ÷ 1,500쌍)	400
한 쌍 당 전부원가	$850

전부원가계산 하에서 기말재고

$850 × 300 쌍 = $255,000

▶ 연습문제 5-5. [학습목표 1]

변동원가계산 하에서 기말재고

$450 × 300 = $135,000

▶ 연습문제 5-6. [학습목표 1]

한 쌍당 전부원가는 $850(연습문제 5-4)이다. 그러므로 전부원가계산하에서 매출원가는 $1,020,000($850 × 1,200 판매 개수)이다.

▶ 연습문제 5-7. [학습목표 1]

단위당 변동원가는 $450이다. 그러므로 변동매출원가는 $540,000($540 × 1,200쌍)이다. 변동원가계산 하에서 고정제조간접원가 $600,000는 기간비용으로 처리된다.

▶ 연습문제 5-8. [학습목표 1]

매출액($1,800 × 1,200 쌍)	$2,160,000
차감 매출원가 ($850 × 1,200 쌍)	1,020,000
매출총이익	1,140,000
차감 판매비	210,000
차감 관리비	110,000
순이익	$820,000

▶ 연습문제 5-9. [학습목표 1]

매출액($1,800 × 1,200 쌍)	$2,160,000
차감 변동매출원가($450 × 1,200 쌍)	540,000
공헌이익	1,620,000
차감고정제조간접원가	600,000
차감 판매비	210,000
차감 관리비	110,000
순이익	$700,000

▶ **연습문제 5-10. [학습목표 1, 2]**

전부원가계산과 변동원가계산 간 순이익의 차이는 $120,000($820,000 − $700,000)이다. 이는 전부원가계산 하에서 기말재고에 남아 있는 고정제조간접원가의 금액과 동일하다($120,000($400 ×300 쌍)).

▶ **연습문제 5-11. [학습목표 1]**

고정제조간접원가	$180,000
나누기 생산량	50,000
단위당 고정제조간접원가	$3.60
단위당 직접재료원가	5.00
단위당 직접노무원가	4.00
단위당 변동제조간접원가	3.00
단위당 원가	$15.60

삽 생산량	50,000
삽 판매량	(45,000)
삽 기말재고	5,000
× 단위당 원가	$15.60
기말재고	$78,000

▶ **연습문제 5-12. [학습목표 1]**

단위당 직접재료원가	$5
단위당 직접노무원가	4
단위당 변동제조간접원가	3
단위당 원가	$12

삽 생산량	50,000
삽 판매량	(45,000)
삽 기말재고	5,000
× 단위당 원가기말재고	$12
변동원가 기말재고	$60,000

▶ 연습문제 5-13. [학습목표 1, 2]

삽 생산량	50,000
삽 판매량	(45,000)
삽 기말재고	5,000
× 단위당 고정제조간접원가	$3.60
순이익 차이	$18,000

▶ 연습문제 5-14. [학습목표 1]

고정제조간접원가	$180,000
나누기 생산량	50,000
단위당 고정제조간접원가	$3.60
단위당 직접재료원가	5.00
단위당 직접노무원가	4.00
단위당 변동제조간접원가	3.00
단위당 원가	$15.60
삽 판매량	45,000
× 단위당 원가	$15.60
매출원가	$702,000

▶ 연습문제 5-15. [학습목표 1]

단위당직접재료원가	$5.00
단위당 직접노무원가	4.00
단위당 변동제조간접원가	3.00
단위당 원가	$12.00
삽 판매량	45,000
× 단위당 원가	$12
변동매출원가	$540,000

▶ 연습문제 5-16. [학습목표 1]

매출액($30 × 45,000개)	$1,350,000
차감 매출원가($15.60 × 45,000개)	702,000
매출총이익	648,000
차감 판매비와 관리비	160,000
순이익	$488,000

▶ 연습문제 5-17. [학습목표 1]

매출액($30 × 45,000개)	$1,350,000
차감 변동매출원가($12 × 45,000)	540,000
공헌이익	810,000
차감 고정원가:	
고정제조간접원가	180,000
고정판매비와 관리비	160,000
순이익	$ 470,000

▶ 연습문제 5-18. [학습목표 1, 2]

고정제조간접원가	$180,000
나누기 생산량	50,000
단위당 고정제조간접원가	$3.60
삽 생산량	50,000
삽 판매량	45,000
삽 기말재고	5,000
× 단위당 고정제조간접원가	$3.60
기말재고에 포함된 고정제조간접원가	$ 18,000

전부원가계산 하에서 기말재고에 포함된 고정제조간접원가는 전부원가계산과 변동원가계산 간 순이익의 차이와 동일하다.

고급연습문제 Problems

▶고급연습문제 5-1. [학습목표 1]

a.

	2020	2021	2022
고정제조간접원가	$ 750,000	$ 750,000	$ 750,000
나누기 생산량	20,000	25,000	15,000
단위당 고정제조간접원가	37.50	30	50
단위당 변동제조원가	150.00	150	150
단위당 전부원가	$187.50	$180	$200

	2020	2021	2022
매출액($250 × 20,000개)	$5,000,000	$5,000,000	$5,000,000
차감 매출원가:			
($187.50 × 20,000)	3,750,000		
($180 × 20,000)		3,600,000	
($180 × 5,000) + ($200 × 15,000)			3,900,000
매출총이익	1,250,000	1,400,000	1,100,000
차감 판매비와 관리비	220,000	220,000	220,000
순이익	$1,030,000	$1,180,000	$880,000
기말재고	–0–		
($180 × 5,000)		$ 900,000	
			–0–

b. 기간별로 매출액이 동일하더라도 이익은 변한다. 그 이유는 매출원가와 기말재고에 영향을 미치는 고정제조간접원가의 금액이 차이가 나기 때문이다.

c.

	2020	2021	2022
판매량	20,000	20,000	20,000
단위당 판매가	$250	$250	$250
매출액	$5,000,000	$5,000,000	$5,000,000

차감 매출원가:			
($150 × 20,000)	3,000,000	3,000,000	3,000,000
공헌이익	2,000,000	2,000,000	2,000,000
차감 고정원가:			
고정제조간접원가	750,000	750,000	750,000
판매비와 관리비	220,000	220,000	220,000
순이익	$1,030,000	$1,030,000	$1,030,000
기말재고	−0−		
($150 × 5,000)		$750,000	
			−0−

d. 변동원가계산 하에서는 생산량과 판매량의 변동에 상관없이 고정제조간접원가가 발생한 기간 비용으로 처리되기 때문이다.

2020년도에는 생산량과 판매량이 같으므로 전부원가계산과 변동원가계산 간 순이익은 동일하다. 그러나 2021년에는 판매량보다 생산량이 더 많으므로 전부원가계산 하에서의 이익이 더 크고, 2022년에는 판매량이 생산량 보다 더 많으므로 변동원가계산 하에서의 이익이 더 크다.

▶고급연습문제 5-2. [학습목표 1, 2]

a.

	2020	2021	2022
고정제조간접원가	$ 48,000	$ 48,000	$ 48,000
나누기 생산량	5,000	6,000	4,000
단위당 고정제조간접원가	$9.60	$8.00	$12.00
단위당 변동제조원가	75.00	75.00	75.00
단위당 전부원가	$84.60	$83.00	$87.00
매출액($225 × 5,000개)	$ 1,125,000	$ 1,125,000	$ 1,125,000
차감 매출원가:			
($84.60 × 5,000)	423,000		
($83.00 × 5,000)		415,000	
[($83.00 × 1,000)			431,000
+ ($87.00 × 4,000)]			

매출총이익	702,000	710,000	694,000	
차감 판매비와 관리비	400,000	400,000	400,000	
순이익	$302,000	$310,000	$294,000	$906,000
기말재고				
	-0-			
($83.33 × 1000)		$ 83,000		
			-0-	

b. 2021년에는 판매량 보다 생산량이 더 많다. 따라서 기말재고에 판매되지 않은 수량에 해당하는 고정제조간접원가가 비용처리 되지 않는다. 2022년도에는 생산량보다 판매량이 더 많으므로 2022년도 생산한 제품에 포함된 고정제조간접원가 모두가 매출원가로 비용화되는 것과 더불어 2021년도에 기말재고에 포함된 고정제조간접원가도 비용처리 되었으므로 순이익이 가장 낮다.

c.

	2020	2021	2022
고정제조간접원가	$48,000	$48,000	$48,000
단위당 변동제조원가	75	75	75
판매량	5,000	5,000	5,000
단위당 판매가	$225	$225	$225
매출액	$1,125,000	$1,125,000	$1,125,000
차감 변동매출원가:			
($75 × 5,000)	375,000	375,000	375,000
공헌이익	750,000	750,000	750,000
차감 고정원가:			
고정제조간접원가	48,000	48,000	48,000
고정판매비와 관리비	400,000	400,000	400,000
순이익	$302,000	$302,000	$302,000
기말재고			
	-0-		
($75 × 1,000)		$75,000	

d. 변동원가계산에서는 단위당 변동제조원가를 각 기간 판매량에 곱하여 매출원가를 계산한다. 이 방법에서 고정제조간접원가는 제품원가에 포함되지 않기 때문에 세 기간 모두에서 판매량과 매출원가는 동일하다. 그러므로 각 연도별 순이익은 동일하다.

▶고급연습문제 5-3. [학습목표 1, 2]

a.

	2020	2021	2022	
고정제조간접원가	$30,000,000	$30,000,000	$30,000,000	
나누기 생산량	30,000	30,000	25,000	
단위당 고정제조간접원가	1,000	1,000	1,200	
단위당 변동제조간접원가	1,000	1,000	1,000	
단위당 전부원가	$2,000	$2,000	$2,200	
매출액				
($2,500 × 30,000개)	$75,000,000			
($2,500 × 28,000)		$70,000,000		
($2,500 × 27,000)			$67,500,000	
차감 매출원가:				
($2,000 × 30,000)	60,000,000			
($2,000 × 28,000)		56,000,000		
([$2,000 × 2,000] + [2,200 × 25,000])			59,000,000	
매출총이익	15,000,000	14,000,000	8,500,000	
차감 판매비와 관리비	3,500,000	3,500,000	3,500,000	
순이익	$11,500,000	$10,500,000	$5,000,000	$27,000,000
기말재고	−0−			
($2,000 × 2,000)		$ 4,000,000		
				−0−

b.

	2020	2021	2022
고정제조간접원가	$30,000,000	$30,000,000	$30,000,000
단위당 변동제조원가	$1,000	$1,000	$1,000

매출액				
($2,500 × 30,000개)	$75,000,000			
($2,500 × 28,000)		$70,000,000		
($2,500 × 27,000)			$67,000,000	
차감 변동제조원가:				
($1,000 × 30,000개)	30,000,000			
($1,000 × 28,000)		28,000,000		
($1,000 × 27,000)			27,000,000	
공헌이익	45,000,000	42,000,000	40,500,000	
차감 고정원가:				
제조원가	30,000,000	30,000,000	30,000,000	
판매비와 관리비	3,500,000	3,500,000	3,500,000	
순이익	$11,500,000	$8,500,000	$7,000,000	$27,000,000
기말재고	-0-			
($1,000 × 2,000)		$ 3,000,000		

c. 전부원가계산을 사용하여 2021년에 실제 수요를 초과하는 생산, 즉 과잉생산을 하여 이익을 조작하였다. 결국 판매되지 않은 재고에 고정제조간접원가가 포함되어 비용처리 되지 않기 때문에 이익이 창출된 것처럼 보고된다.

그러나 이러한 방법은 매년 지속적으로 이루어질 수는 없을 것이다.

▶고급연습문제 5-4. [학습목표 1, 2]

a.

	2020	2021	2022
판매량	10,000	9,000	8,000
생산량	10,000	10,000	7,000
고정제조간접원가	$350,000	$350,000	$350,000
단위당 변동제조간접원가	$100	$100	$100
단위당 판매가	$350	$350	$350
고정판매비와 관리비	$300,000	$300,000	$300,000

고정제조간접원가	350,000	350,000	350,000
나누기 생산량	10,000	10,000	7,000
단위당 고정제조간접원가	$35	$35	$50
변동제조원가	100	100	100
단위당 전부원가	$135	$135	$150

매출액			
(10,000 × $350)	$3,500,000		
(9,000 × $350)		$3,150,000	
(8,000 × $350)			$2,800,000
차감 매출원가			
(10,000 × $135)	1,350,000		
(9,000 × $135)		1,215,000	
([1,000 × $135] + [7,000 × $150])			1,185,000
차감 판매비와 관리비	300,000	300,000	300,000
순이익	$1,850,000	$1,635,000	$1,315,000
기말재고	–0–		
($135 × 1,000)		$135,000	
			–0–

b.

	2020	2021	2022
고정제조간접원가	$350,000	$350,000	$350,000
단위당 변동제조간접원가	$100	$100	$100
매출액	$3,500,000	$3,150,000	$2,800,000
차감 변동매출원가	1,000,000	900,000	800,000
공헌이익	2,500,000	2,250,000	2,000,000
차감 고정원가			
고정제조간접원가	350,000	350,000	350,000
고정판매비와 관리비	300,000	300,000	300,000
순이익	$1,850,000	$1,600,000	$1,350,000
기말재고	–0–		
(100 × 1,000)		$100,000	
			–0–

c. 샘슨은 전부원가계산방법 하에서 실제 수요보다 초과 생산을 하여 이익이 증가된 것처럼 보고하였다. 그러나 생산량을 증가시켜 이익을 조정하는 이러한 방법은 지속적으로 수행될 수는 없을 것이다.

▶고급연습문제 5-5. [학습목표 1, 2]

a.

	2020	2021
고정제조간접원가	$2,400,000	$2,400,000
나누기 생산량	12,000	8,000
단위당 고정제조간접원가	200	300
단위당 변동제조간접원가	2,600	2,600
단위당 전부원가	$2,800	$2,900
매출액($4,000 × 10,000개)	$40,000,000	$40,000,000
차감 매출원가:		
($2,800 × 10,000)	28,000,000	
($2,800 × 2,000) + ($2,900 × 8,000)		28,800,000
매출총이익	12,000,000	11,200,000
차감 판매비와 관리비	1,500,000	1,500,000
순이익	$10,500,000	$9,700,000
기말재고		
($2,800 × 2,000)	$5,600,000	
		–0–

b. 회사가 동일한 원가구조와 같은 수준의 매출액을 기록하고 있으므로 2021년 회사의 실적이 실제로 나빠진 것은 아니다. 단지 2020년에 과잉 생산하였던 결과 고정제조간접원가가 기말재고에 포함되어 있었는데 2021년도에 이 부분이 비용화됨으로 인해 이익에서 차이가 발생한것이다.

c.

	2020	2021
고정제조간접원가	$2,400,000	$2,400,000
단위당 변동제조간접원가	$2,600	$2,600
매출액($4,000 × 10,000개)	$40,000,000	$40,000,000

매출원가		
($2,600 × 10,000개)	26,000,000	26,000,000
공헌이익	14,000,000	14,000,000
차감 고정원가:		
고정제조간접원가	2,400,000	2,400,000
고정판매비와 관리비	1,500,000	1,500,000
순이익	$10,100,000	$10,100,000
기말재고		
($2,600 × 2,000)	$5,200,000	
		–0–

d. 변동원가계산이 보다 현실적인 기업의 성과를 보고한다. 그 이유는 같은 원가구조와 같은 매출 수준에서 이익은 판매량에 비례하여 결정되기 때문이다.

▶고급연습문제 5-6. [학습목표 1, 2]

a.

	2020	2021
판매량	18,000	18,000
생산량	21,000	15,000
고정제조간접원가	$630,000	$630,000
단위당 변동제조간접원가	$200	$200
단위당 판매가	$500	$500
고정판매비와 관리비	$200,000	$200,000
고정제조간접원가	$630,000	$630,000
나누기 생산량	21,000	15,000
단위당 고정제조간접원가	$30	$42
변동제조원가	200	200
단위당 전부원가	$230	$242
매출액(18,000 × $500)	$9,000,000	$9,000,000
차감 매출원가		
($230 × 18,000)	4,140,000	
($230 × 3,000) + ($242 × 15,000)		4,320,000
차감 판매비와 관리비	200,000	200,000
순이익	$4,660,000	$4,480,000

b. 2021년에 비해 2020년 순이익이 던 포게 보고되고 있기는 하지만 2020년 성과가 2021년 보다 더 좋다고 할 수는 없다. 그 이유는 2020년에는 판매량보다 생산량이 많았고, 2021년에는 판매량이 생산량 보다 많았으므로 2020년 순이익이 더 높게 보고된 것뿐이다.

c.

	2020	2021
고정제조간접원가	$630,000	$630,000
단위당 변동제조원가	$200	$200
매출액	$9,000,000	$9,000,000
차감 변동매출원가	3,600,000	3,600,000
공헌이익	5,400,000	5,400,000
차감 고정원가		
고정제조간접원가	630,000	630,000
고정 판매비와 관리비	200,000	200,000
고정 판매비와 관리비		
순이익	$4,570,000	$4,570,000

d. 변동원가계산이 보다 현실에 가까운 성과를 보고한다. 왜냐하면 회사의 매출액 수준과 원가의 수준이 연도별로 동일하다면 변동원가계산 하에서의 이익은 생산량에 영향을 받지 않기 때문이다.

▶고급연습문제 5-7. [학습목표 1]

전부원가계산 하에서의 이익은 변동원가계산하에서의 이익 보다 $10,000 가 더 높다. 그 이유는 변동원가계산에서, 고정제조간접원가 $50,000 모두는 기간비용 처리되지만 전부원가계산에서 $10,000는 기말재고에 남아 있기 때문이다.

고정제조간접원가	$50,000
÷ 생산량	1,000
단위당 고정제조간접원가	$50

기말재고에 포함된 고정제조간접원가

$50 × 200개 = $10,000

▶고급연습문제 5-8. [학습목표 1]

고정제조간접원가	$300,000
÷ 생산량	50,000
단위당 고정제조간접원가	$30
칼 생산량	10,000
칼 판매량	(8,000)
칼 기말재고	2,000
×단위당 고정제조간접원가	$30
전부원가계산 기말재고	$60,000
전부원가계산 순이익	$100,000
변동원가계산 순이익	40,000
차이	$60,000

▶고급연습문제 5-9. [학습목표 1, 2]

a. 공헌이익 ÷ 매출액 = 공헌이익율

$8,000,000 ÷ $20,000,000 = .40.

(증분 매출액 × 공헌이익율) − 증분급여 = 증분이익

($1,800,000 × .40) − $160,000 = $560,000 이익증가

이익이 증가하므로 위너 유리는 두 명의 판매사원을 고용해야 한다.

b. 회계부장은 매출 $1 당 이익을 공헌이익율과 같은 것으로 간주하였다. 모든 원가가 변동원가라면 이익은 매출에 비례해서 변하겠지만 위너 유리는 고정원가도 포함되어 있으므로 회계부장의 분석은 잘못 된 것이다.

▶고급연습문제 5-10. [학습목표 1, 2]

a.

트리오 사무용품

증분이익

공헌이익율($12,000,000 ÷ $30,000,000)	0.4
증분매출(3 × $400,000)	$1,200,000
증분공헌이익(0.4 × $1,200,000)	$480,000
영업담당자 3명의 증분원가	
(3 × $150,000)	450,000
증분이익	$30,000

순이익이 증가하기 때문에, 트리오 사무용품은 3명의 영업 담당자를 고용해야 한다.

b. 매출 $1당 순이익을 증분매출액 $1,200,000에 곱하여 순이익의 변화를 파악하고자 하였다는 점에서 오류가 있다. 또한 회계부장은 증분매출에 따른 급여증가분을 고려하지도 않았다.

▶고급연습문제 5-11. [학습목표 1, 2]

a.

	2018	2019	2020
변동원가계산			
매출액	$14,400,000	$15,840,000	$17,760,000
차감 변동매출원가	6,000,000	6,600,000	7,400,000
공헌이익	8,400,000	9,240,000	10,360,000
차감:			
고정제조간접원가	6,400,000	6,400,000	6,400,000
고정판매비와 관리비	3,600,000	3,600,000	3,600,000
순이익	$(1,600,000)	$(760,000)	$360,000

b. 전부원가계산 하에서 에드워드는 첫 해에 손익분기점을 넘겼고, 두 번째 해에 $360,000의 이익도 창출하는 우수한 실적을 보였다. 그러나, 전부원가계산보다는 변동원가계산이 에드워드의 실적을 보다 더 정확하게 평가하여 줄 수 있다. 변동원가계산 하에서 회사는 두 번째 해에 $760,000의 손실을 기록하였다. 그러나 에드워드는 전부원가계산을 적용하여 실 수요보다 초과 생산을 하여 기말재고에 고정제조간접원가를 남겨둠으로써 이익이 창출된 것처럼 보였다. 이러한 접근은 전부원가계산에서 쟈크 돌턴이 2020년에 이익을 창출하지 못한 이유이기도 하다. 쟈크 돌턴은 재고를 감소시키기 위해 2020년의 생산량을 줄였다. 이로 인해 단위당원가는 증가하였다. 변동원가계산 손익계산서에서 쟈크 돌턴의 성과는 우수하였다. 매출이 증가되었고 이익도 창출되었다.

▶고급연습문제 5-12. [학습목표 1, 2]

a.

	2018	2019	2020
고정제조간접원가	$2,100,000	$2,100,000	$2,100,000
단위당 변동제조원가	$900	$900	$900
매출액	$7,650,000	$9,350,000	$11,050,000
차감 변동매출원가	4,050,000	4,950,000	5,850,000
공헌이익	3,600,000	4,400,000	5,200,000
차감 고정원가			
고정제조간접원가	2,100,000	2,100,000	2,100,000
고정 판매비와 관리비	2,250,000	2,250,000	2,250,000
순이익	($750,000)	$50,000	$850,000

b. 데럴은 2020년 성과는 마일로의 2018년과 2019년의 성과와 비교해볼때 더 우수하다. 변동원가계산 하에서 회사는 2018년 적자상태였고, 2019년 겨우 적자를 면하였다. 그러나 2020년회사는 비교적 높은 이익을 창출하였다.

c. 회사는 골프 클럽 사업을 유지 해야 한다. 회사는 변동원가계산 하에서 2020년에 이익을 창출하였다. 전부원가계산 하에서 2020년에 손실을 보고한 이유는 생산량의 두 배를 더 판매하였기 때문이다. 그러므로 전기의 고정제조간접원가가 2020년도에 비용처리 된 관계로 순이익이 감소한 것이다.

▶고급연습문제 5-13. [학습목표 1, 2]

a. 고정제조간접원가÷생산량= 단위당고정제조간접원가

$900,000 ÷150,000 = $6

$6 ×120,000 = $720,000.

b. 변동원가계산에서, 고정제조간접원가 $900,000가 비용처리 된다.

c. 전부원가계산 하에서 기말재고에 포함된 고정제조간접원가는 $180,000 이다.

$6 ×30,000 units = $180,000.

▶고급연습문제 5-14. [학습목표 1, 2]

a.

고정제조간접원가	$1,500,000
나누기 생산량	500,000
단위당 고정제조간접원가	$3
판매량	450,000
× 단위당 고정제조간접원가	$3
비용처리된 고정제조간접 원가	$1,350,000

b. 변동원가계산에서 비용처리 된 금액은 $1,500,000이다.

c.

고정제조간접원가	$1,500,000
나누기 생산량	500,000
단위당 고정제조간접원가	$3
기말재고수량	50,000
× 단위당 고정제조간접원가	$3
기말재고에 포함된 고정제조간접원가	$150,000

변동원가계산에서 비용화된 고정제조간접원가	$1,500,000
전부원가계산에서 비용화된 고정제조간접원가	1,350,000
차이	$150,000

▶고급연습문제 5-15. [학습목표 1, 2]

a.	2020
고정제조간접원가	$2,750,000
나누기 생산량	250,000
단위당 고정제조간접원가	11
($75 + $30 + $5)	110
단위당 전부원가	$121
매출액 ($150 × 230,000개)	$34,500,000
차감 매출원가:	
($121 × 230,000)	27,830,000
매출총이익	6,670,000
차감 판매비	
($1,500,000.00 + (.05 × $34,500,000)	3,225,000
차감 관리비	900,000
순이익	$2,545,000
기말재고	
($121 × 20,000)	$2,420,000

b.	2020
매출액 ($150 × 230,000 units)	$34,500,000
차감 변동매출원가:	
($110.00 × 230,000)	25,300,000
차감 변동판매비	
($.05 × $34,500,000)	1,725,000
공헌이익	7,475,000
차감 고정원가:	
고정제조간접원가	2,750,000
고정판매비	1,500,000
고정관리비	900,000
순이익	$2,325,000
기말재고	
($110 × 20,000)	$2,200,000

c. 기말재고에 포함된 고정제조간접원가는 $220,000($11 × 20,000개)이다. 이 차이는 전부원가계산과 변동원가계산하에서 나타나는 이익의 차이다.

▶고급연습문제 5-16. [학습목표 1, 2]

a.

도리안 인더스트리 손익계산서

2020년 1월 1일부터 2020년 12월 31일까지

매출액 ($50 × 400,000)	$20,000,000
매출원가 ($25* × 400,000)	10,000,000
매출총이익	10,000,000
차감:	
고정판매비	300,000
변동판매비($0.20 × 400,000)	80,000
고정관리비	100,000
순이익	$9,520,000

*단위당 제품원가:	
직접재료원가	$15
직접노무원가	5
변동제조간접원가	2
($1,260,000/420,000)	3
고정제조간접원가	
($1,260,000/420,000)	$25

b.

도리안 인더스트리 손익계산서

2020년 1월 1일부터 2020년 12월 31일까지

매출액 ($50 × 400,000)	$20,000,000
차감 변동원가	
변동제조원가 ($22 × 400,000)	8,800,000
변동판매비 ($0.20 × 400,000)	80,000
공헌이익	11,120,000

차감 고정원가	
고정제조간접원가	1,260,000
고정판매비	300,000
고정관리비	100,000
순이익	$9,460,000

c.

생산량	420,000
판매량	400,000
기말재고수량	20,000
× 단위당 고정제조간접원가	$3
기말재고에 포함된 고정제조간접원가	$60,000
전부원가계산 이익	$9,520,000
변동원가계산이익	9,460,000
차이	$60,000

▶고급연습문제 5-17. [학습목표 1, 2]

a.

조던사의 손익계산서

2020년 1월 1일부터 2020년 12월 31일까지

매출액 ($4,500 × 7,000)	$31,500,000
차감 매출원가($4,200* × 7,000)	29,400,000
매출총이익	2,100,000
차감:	
고정판매비와 관리비	400,000
변동판매비와 관리비($225 × 7,000)	1,575,000
변동판매비와 관리비($225 × 7,000)	
순이익	$125,000
* 단위당 제조원가:	
직접재료원가	$2,000
직접노무원가	1,200
변동제조간접원가	900

고정제조간접원가	
($800,000/8,000)	100
	$4,200

b.

조던사의 손익계산서

2020년 1월 1일부터 2020년 12월 31일까지

매출액($4,500 × 7,000)	$31,500,000
차감 변동원가	
변동제조원가 ($4,100 × 7,000)	28,700,000
변동판매비($225 × 7,000)	1,575,000
공헌이익	1,225,000
차감 고정원가	
고정제조간접원가	800,000
고정판매비와 관리비	400,000
순이익	$25,000

c.

생산량	8,000
판매량	7,000
기말재고수량	1,000
× 단위당 고정제조간접원가	$100
기말재고에 포함된 고정제조간접원가	$100,000
전부원가계산 이익	$125,000
변동원가계산 이익	25,000
차이	$100,000

d. 변동원가계산과 전부원가계산의 순이익은 $200,000이다. 두 방법 하에서 순이익은 동일한데, 그 이유는 생산수량과 판매수량이 같기 때문이다. 변동원가계산 하에서 순이익의 계산은 다음과 같다.

조던사의 손익계산서

2020년 1월 1일부터 2020년 12월 31일까지

매출액 ($4,500 × 8,000)	$36,000,000
차감 변동원가	
변동제조원가 ($4,100 × 8,000)	32,800,000
변동판매비($225 × 8,000)	1,800,000
공헌이익	1,400,000
차감 고정원가	
고정제조간접원가	800,000
고정판매비와 관리비	400,000
순이익	$200,000

▶고급연습문제 5-18. [학습목표 1, 2]

a.

엑손의 손익계산서

2020년 1월 1일부터 2020년 12월 31일까지

매출액($30 × 18,000)	$540,000
차감 매출원가 ($20* × 18,000)	360,000
매출총이익	180,000
차감:	
고정판매비와 관리비	80,000
변동판매비와 관리비($3 × 18,000)	54,000
순이익	$46,000
* 단위당 제조원가:	
직접재료원가	$6
직접노무원가	4
변동제조간접원가	2
고정제조간접원가	
($160,000 ÷ 20,000)	8
	$20

b.

악사(주)의 손익계산서

2020년 1월 1일부터 2020년 12월 31일까지

매출액 ($30 × 18,000)	$540,000
차감 변동원가	
변동제조원가 ($12 × 18,000)	216,000
변동판매비($3 × 18,000)	54,000
공헌이익	270,000
차감 고정원가	
고정제조간접원가	160,000
고정판매비와 관리비	80,000
순이익	$30,000

c. 손익분기점 매출액

$240,000 ÷ ($270,000 ÷ $540,000) = $240,000 ÷ 0.50 = $480,000

손익분기점 판매량

$240,000 ÷ ($30 − $12 − $3) = 16,000 units

전부원가계산에서는 손익분기점을 파악하기가 쉽지 않다. 그 이유는 전부원가계산은 손익분기점 분석에서 필요한 공헌이익과 고정원가에 관한 정보를 명확하게 파악할 수 없기 때문이다.

제 6 장

원가배부와 활동기준 원가계산

Cost Allocation and Activity-Based Costing

주관식 문제 *Questions*

1. 이 문장은 잘못되었다. 원가배부는 간접원가를 배부하는 과정이다. 직접원가는 원가대상에 직접 부과한다. 만약 원가대상에 원가를 직접적으로 추적하기가 어렵거나 금액적으로 중요성이 낮다면 이러한 원가는 간접원가로 분류할 수 있고 배부기준을 사용하여 원가대상에 배부된다.

2. 원가대상은 원가를 배부 받는 제품, 서비스, 또는 부서가 될 수 있다. 예를 들어, 경비원이 발생시킨 원가를 배부 받는 생산부서도 원가대상이 될 수 있다. 마찬가지로, 장비의 감가상각비를 배부 받는 부서의 제품도 원가대상이 된다.

3. 원가집합을 구성할 때 고려해야 할 사항은 원가집합에 포함된 원가가 유사하거나 동질적이어야 한다는 것이다. 변동원가와 고정원가는 같을 수 없으므로, 하나의 배부기준으로 고정원가와 변동원가 둘 모두를 배부하는 것은 바람직하지 않다.

4. 직원의 수가 인과관계를 잘 설명해 줄 수 있는 배부기준이 될 수 있다.

5. 예산원가가 배부된다면 보조부문의 비효율과 낭비를 전가시킬 수 없을 것이다. 실제원가를 배부하면 보조부문이 효율적으로 운영되어야 하는 인센티브가 전혀 제공되지 않는다.

6. 책임회계시스템에서 수익과 비용은 수익창출과 비용통제에 권한과 책임을 가지고 있는 부서나 부문, 종업원에게 추적될 수 있다. 이로 인해 경영자와 담당자의 성과평가를 용이하게 수행 할 수 있다.

7. 경우에 따라서 경영자는 통제불가능 한 원가도 배부해야 한다. 왜냐하면 통제불능원가도 수익창출을 위해 회사가 관리해야 하는 원가이기 때문이다.

8. 전통적 원가배부방법은 조업도와 관련된 소수의 원가집합과 원가배부기준을 사용한다. 그러나, 어떤 활동은 생산량과 관련이 없을 수 있다. 작업준비와 관련한 원가를 고려해 보자. 전통적인 원가계산 방법에서 작업준비원가는 생산량을 기준으로 배부될 것이고, 이 경우에 조업도 수준이 낮은 제품이 더 많은 작업준비시간을 소비하였음에도 불구하고 조업도 수준이 높은 제품이 더 많은 원가를 배부 받게 된다.

9. 전통적인 원가계산방법은 일반적으로 조업도(예: 직접노동시간, 직접노무원가, 기계작업시간)와 관련한 측정치를 배부기준으로 사용한다. 또한, 전통적 원가계산방법에서는 사용되는 원가 집합도 소수이다.

ABC는 간접원가를 발생시키는 활동에 관심을 가진다. 이런 활동의 대부분은 생산 조업도와 관련성이 적다. 주요 활동 별로 원가집합을 구성하고, 원가동인이라고 할 수 있는 원가배부기준을 사용하여 제품에 원가를 배부한다. 원가동인의 대부분은 생산량과 관련이 없다. ABC는 전통적 원가계산 방법에 비해 보다 다양한 원가집합과 배부기준을 사용한다.

10. ABC가 전통적 원가계산 방법보다 더 정확한 경우는 다음과 같다. :

(1) 제조 공정이 복잡하고 다양할 때 (높고 낮은 판매량)

(2) 제품이 자원들을 다르게 소비할 때,

(3) 생산 조업도와 관련이 없는 활동이 많을 때

연습문제 Exercises

▶ 연습문제 6-1. [학습목표 2]

고정원가(예, 관리비용)는 영업활동(예, 매출)에 근거해서 배부되기도 한다. 이로 인해 고정원가는 변동원가처럼 보일 수 있다. 이는 경영자가 배부된 고정원가를 증분원가로 인식한다면 잘못된 의사결정을 초래할 수 있다.

▶ 연습문제 6-2. [학습목표 2]

일반관리비와 광고비를 각 호텔체인에 배부하는 것은 비합리적이다. 호텔 매니저는 수익을 증대시키는 원가를 과대평가할 수도 있다. 그리고 수익에 영향을 미친다는 잘못된 의사결정을 초래할 수도 있다. 예를 들어, 호텔 매니저가 비수기에 무역협회가 요청한 객실 당 $70의 특별할인을 제공할 것인지를 고려하고 있다고 가정해 보자. 매니저는 객실당 변동원가는 일반관리비 $10를 포함하여 $ 75가 될 것이라 추정하고 있다. 이 경우, 매니저는 무역협회의 가격할인 요청을 거절할 것이다. 그러나 사실 일반관리비는 $10는 변동원가이므로 고정원가이고, 결과적으로 무역협회의 제안을 받아들인다면 회사의 이익이 $5가 증가될 것이다.

▶ 연습문제 6-3. [학습목표 1]

경우에 따라 다양한 답이 가능할 수 있다. 예를 들어, 원가를 많이 발생시키는 공과대학장은 원가를 배부기준으로 사용하는 것에 반대할 것이다. 학생수가 많은 예술대학장은 전공의 수를 배부기준으로 사용하는 것을 선호하지 않을 것이다. 또한 실험실 등을 포함하여 많은 공간을 차지하는 대학의 학장은 점유면적을 배부기준으로 사용하는 것에 동의하지 않을 것이다.

▶ 연습문제 6-4. [학습목표 1]

워너사는 부문별 관리자가 보안서비스 비용을 평가하도록 장려하고 싶어 할 것이다. 그런데 보안원가가 배부된다면 부문관리자는 보안원가에 대한 우려를 표명할 가능성이 높다. 그렇다고 하더라도 보안원가를 부분별로 배부하는 것은 보안서비스의 제공을 보다 효율적으로 만들 수 있고, 특히, GAAP에서도 이러한 방법을 요구하고 있다.

▶ 연습문제 6-5. [학습목표 1]

a.

보조부문	배부기준
인사	종업원수
복사	복사 량
시설관리	면적
회계	매출 거래 건 수
그래픽 디자인	디자인 작업시간
구내식당	종업원

b. 직접배부법을 적용할 경우 원가는 보조부문에 배부하지 않는다. 그러므로 인사부서에 급식서비스원가는 배부되지 않는다.

▶ 연습문제 6-6. [학습목표 1]

배부된 총고정원가 = $100,000 + 12,500 + 10,000 + 5,000 = $127,500.

판매부서에 배부된 고정원가($127,500 × .4)	$51,000
판매부서에 배부된 변동원가(2,500,000 장 × $.02)	50,000
판매부서에 배부된 총원가	$101,000
관리부서에 배부된 고정원가 ($127,500 × .6)	$76,500
관리부서에 배부된 변동원가(2,300,000 장 × $.02)	46,000
관리부서에 배부된 총원가	$122,500

▶ 연습문제 6-7. [학습목표 1]

배부기준	생산부 1	생산부 2
점유면적	$2,250,000	$3,000,000
	($75* × 30,000)	($75 × 40,000)
직접노동시간	$3,000,000	$2,250,000
	($75 × 40,000)	($75 × 30,000)

* $5,250,000 ÷ 70,000 = $75

(1) 언급한 바와 같이 배부기준의 선택은 원가배부에 영향을 미친다. 점유면적을 배부기준으로 사용한다면 생산부1과 2에 각각 57%, 43%의 원가가 배부될 것이다. 그러나 직접노동시간을 배부기준으로 사용한다면 각각 57%와 43%의 원가가 배부될 것이다. 생산부1은 점유면적을 생산부2는 직접노동시간을 배부기준으로 사용하기를 원할 것이다.

(2) 인과관계가 높은 배부기준이 선호된다. 건물유지관리와 관련한 원가는 점유면적이 인과관계가 높을 것이고, 직접노동이 대부분 차지하는 유지관리원가는 직접노동시간이 배부기준으로서 더 적합하다.

▶ 연습문제 6-8. [학습목표 1]

P1의 종업원수의 비율은 40%=200 ÷ 500 이다.

P2의 종업원수의 비율은 60%=300 ÷ 500 이다.

보조부문	보조무분원가	P1	P2
S1	$4,500,000	$1,800,000	$2,700,000
S2	3,000,000	1,200,000	1,800,000
S3	2,700,000	1,080,000	1,620,000
총원가	$10,200,000	$4,080,000	$6,120,000

▶ 연습문제 6-9. [학습목표 2]

a. 배부된 제조간접원가는 특별주문을 수락하여도 증가되지 않는 $56의 고정원가를 포함하고 있다. 특별주문과 관련한 증분분석을 통해 회사는 다음과 같이 $93,000의 증분이익을 창출할 수 있을 것이다.

증분수익(3,000 × $220)		$660,000
증분원가		
직접재료원가 (3,000 × $125)	$375,000	
직접노무원가(3,000 × $50)	150,000	
제조간접원가(3,000 × $14)	42,000	567,000
증분이익		$93,000

b. 관리자가 보고 된 원가에 초점을 맞춘다면 $56의 고정원가를 증분원가로 잘못 취급할 수도 있다. 이럴 경우 증분수익은 $220, 증분원가는 $245가 되므로 특별주문은 수락되지 말아야 한다는 잘못된 의사결정을 내릴 수도 있다.

▶ 연습문제 6-10. [학습목표 1, 2]

a. 서비스센터에 배부된 일반관리비용이 더 많은 이유는 판매부서의 수익이 감소하였기 때문이다. 일반관리비는 매출액을 배부기준으로 하여 배부되기 때문에 한 부서의 수익의 변화는 다른 부서의 제조간접원가에 영향을 줄 수 있다(서비스 부서 전체 매출에서 차지하는 비율이 높다면 그 비율만큼 더 많은 간접비를 배부 받게 될 것이다).

b. 서비스부서원가가 밴스 메이슨의 결정에 의해 영향을 받는다면, 서비스 부서의 책임자는 그 원가에 대해 책임은 있지만 통제가능하지는 않다. 밴스 메이슨의 의사결정에 의해 배부된 원가는 불공평하다고 생각할 수 있다. 따라서 서비스 부서의 이익에 근거해 서비스 부서 책임자의 성과가 평가될 수 있기를 원할 것이다.

▶ 연습문제 6-11. [학습목표 1, 2]

a. 어번은행 관리자는 은행의 수익이 증가할 때 배부된 원가도 증가한다는 관점에서 배부된 보조부문원가는 변동원가로 인식할 것이다.

b. 증분분석을 수행하는 과정에서 어번은행의 경영자는 배부된 원가를 증분원가로 잘못 고려하였으므로 증분원가를 과대평가할 가능성이 높다.

▶ 연습문제 6-12. [학습목표 2]

하나의 원가집합을 사용하면 A1에는 원가가 적게 배부되고, B1에는 많이 배부될 수 있다. 단일 원가 집합에서, 두 제품은 직접노동시간 당 같은 배부원가가 배부 받는다. 그러나, B1은 간접원가가 낮은 P2를 생산하는데 더 많은 시간을 소비하지만, A1은 간접원가가 높은 P1의 생산에 더 많은 시간을 사용한다.

단일원가집합 간접비 배부율은 다음과 같다:

$4,000,000 ÷ 500,000 직접노동시간 = $80 / 직접노동시간

각 제품은 총 10시간의 직접노동시간을 필요로 한다. 그러므로 각 제품별로 $80($80 × 10)의 간접원가를 배부 받게 된다.

모르톤이 각 생산부분별로 제조간접원가 집합을 구분하여 사용한다면 각 제품에 배부된 제조간접원가의 계산은 다음과 같다.

P1의 제조간접원가 배부율은 직접노동시간당 $300(=$30,000,000 ÷ 100,000 직접노동시간당)가 될 것이다.

P2의 제조간접원가 배부율은 직접노동시간당 $25(=$10,000,000 ÷ 400,000 직접노동시간당)가 될 것이다.

A1 한 단위에 배부된 제조간접원가

(6 직접노동시간 × $300) + (4직접노동시간 × $25) $1,900.00

B1 한 단위에 배부된 제조간접원가

(1 직접노동시간 × $300) + (9 직접노동시간 × $25) $525.00

▶ 연습문제 6-13. [학습목표 1]

a. 그래픽 디자인부문의 원가가 고정원가이고, 적시에 작업을 완료할 수 있다고 한다면 그래픽 디자인부문의 기회원가는'0'에 가까울 것이고, 배부된 원가 역시'0'에 가까울 것이다.

b. 자회사들이 시간 지연을 이유로 디자인 작업을 외부에 맡긴다면 기회원가는 배분된 원가(a에서 '0')보다 더 클 것이다.

c. 시간당 $60의 배부는 기회원가보다 작을 것이다 (자회사는 작업지연을 피하기 위해 시간당 $80도 지불 할 수 있다). 따라서, 외부에 디자인 작업을 맡겼다면 $80를 초과하는 이익이 있어야 한다.

d. 작업이 지연되거나 거절당하지 않는다면 디자인 서비스를 사용하는 기회 원가는 $60 보다 적을 것이다.

▶연습문제 6-14. [학습목표 2]

원가집합	원가동인
원재료 검사	원재료 검사 건수
생산설비 수리 및 유지	기계작업시간
원재료 저장	원재료의 화폐가치
제세공과	면적
완제품 품질통제	검사 건수
생산라인 작업준비	작업준비 횟수

▶연습문제 6-15. [학습목표 1, 2]

작업준비 횟수 당 원가= $4,200,000 ÷ 2,000 = $2,100

EP150과 관련된 작업준비 횟수 원가 = 2 × $2,100 = $4,200

EP150과 관련된 작업준비 횟수 단위당 원가 = $4,200 ÷ 800 = $5.25

▶연습문제 6-16. [학습목표 1, 2]

작업준비횟수 원가 = $105,000 ÷ 1,500 = $70

A128 디자인과 관련한 작업준비 횟수 원가= 3 × $70 = $210

A128 디자인과 관련한 작업준비 횟수 당 원가 = $210 ÷ 325 = $0.65

▶연습문제 6-17. [학습목표 2]

구매주문처리 원가가 유사한 프로세스를 가진 다른 공장과 비교해 볼 때 훨씬 더 크다면 구매주문처리 원가는 높은 원가를 발생시킨 공장이 통제할 수 없으므로, 경영자는 그 상황을 자세히 조사해야 한다. 상대적으로 낮은 원가가 발생한 공장의 모범사례를 벤치마킹 할 필요가 있다.

▶연습문제 6-18. [학습목표 2]

a. 메이저서플라이스가주문을 처리하는데 소비되는 비용은 다음과 같다:

($400,000 + $540,000) ÷ 125,000 = 주문건수 당 $7.52

자동차공급체인에서 주문을 이행하는데 드는 비용은 주문 건수 당 $4.50이다. 이 금액은 상당히 경쟁력이 있는 것이며, 메이저서플라이스가모방할 수 없는 규모의 효율성에 기인한 것일 수도 있다. 제품이 다르고, 주문처리가 용이해질 수 있다.

b. 회사는 개별주문이 유사하다면 선적작업을 하는 종업원에게 다양한 주문서를 창고 밖으로 가져오라고 요구할 수 있다. 이로 인해 종업원이 창고로 돌아가는 시간을 줄일 수 있고, 다섯 명 중 한 두 명의 해고가 가능하다면 원가도 낮출 수 있다.

고급연습문제 Problems

▶고급연습문제 6-1. [학습목표 1]

a.

	배부기준	소프트웨어	컨설팅
복리후생비	종업원수	375	125
비율		.75	.25
배부된 금액	$2,500,000	$1,875,000	$625,000
임차료	점유면적	20,000	20,000
비율		.5	.5
배부된 금액	$1,000,000	$500,000	$500,000
통신비	종업원수	375	125
비율		.75	.25
배부된 금액	$500,000	$375,000	$125,000
일반관리비	매출액	$15,000,000	$10,000,000
비율		.60	.40
배부된 금액	$3,000,000	$1,800,000	$1,200,000
합계	$7,000,000	$4,550,000	$2,450,000

손익계산서 (다양한 원가집합/원가배부기준을 사용하여)

	소프트웨어	컨설팅
매출액	$15,000,000	$8,000,000
차감 직접원가	6,000,000	4,000,000
차감 배부된 원가	4,550,000	2,450,000
세전 이익	$4,450,000	$3,550,000

단일 배부기준을 사용하는 것과 비교해볼 때 다수의 원가집합을 사용하고 다양한 원가배부기준을 사용하여 컨설팅 부분에 $700,000 ($2,450,000 − $1,750,000) 더 많은 간접원가를 배부한다.

b. 관리회계이사가 임차료는 점유면적, 일반관리비는 매출에 비례해서 발생하고, 복리후생, 통신비는 종업원 수에 의해 발생한다고 가정하고 있다고 생각해 보자. 그렇다면 다수의 원가집합은 소비된 자원과 두 부서의 수익성에 관한 더 나은 정보를 제공할 것이다.

▶고급연습문제 6-2. [학습목표 1]

a.

	배부기준	일반봉제완구	주문봉제완구
복리후생비	종업원 수	240	80
비율		0.75	0.25
배부된 금액*		$1,125,000	$375,000
임차료	점유면적	10,000	10,000
비율		0.50	0.50
배부된 금액		$750,000	$750,000
통신비	종업원 수	240	80
비율		0.75	0.25
배부된 금액		$375,000	$125,000
일반관리비	매출액	$7,500,000	$5,000,000
비율		0.60	0.40
배부된 금액		$600,000	$400,000
합계		$2,850,000	$1,650,000

이익보고서 (다양한 원가집합/원가배부기준을 사용하여)

	일반봉제완구	주문봉제완구
매출액	$7,500,000	$5,000,000
차감 직접원가	$2,500,000	$4,000,000
차감 배부된 원가	$2,850,000	$1,650,000
세전 이익(손실)	$2,150,000	($ 650,000)

b. 관리회계이사가 임차료는 점유면적, 일반관리비는 매출에 비례해서 발생하고, 복리후생, 통신비는 종업원 수에 의해 발생한다고 가정하고 있다고 생각해 보자. 그렇다면 다수의 원가집합은 소비된 자원과 두 부서의 수익성에 관한 더 나은 정보를 제공할 것이다.

▶고급연습문제 6-3. [학습목표 1]

a. 모델 350 모터를 생산하는 기회원가는 바인더가 초과생산능력이 있고 다른 가전에 매출은 다른 고객의 매출에 영향을 주지 않는다는 조건하에 생산으로 인해 증가된 원가이다.

직접재료원가	$25
직접노무원가	5
변동제조간접원가($1.20* × $5)	6
합계	$36

* 변동제조간접원가 배부율은 $6,000,000의 변동제조간접원가를 $5,000,000의 직접노무원가로 나눈 것과 동일하다.

b. 간접원가의 60%는 고정원가(모터당 $9)이기 때문에, 모터를 생산하여 증가되는 비용은 모터당 $36($25 + 5 + 6)이다. $36보다 큰 입찰가격은 증분이익을 창출할 것이다. 바인더사가 $39로 주문을 넣는다면 증분이익은 $ 18,000[($39 − $36) × 6,000 모터]가 된다.

c. 이 경우, 간접원가와 관련있는 기회원가는 변동제조간접원가 하나이다. 기회원가가 배부기준으로 사용된다면 경영자는 의사결정 시 필요한 정보를 탐색하기 위해 증분원가를 보다 자세히 들여다 볼 것이다.

▶고급연습문제 6-4. [학습목표 1]

a. 브래넌사는 초과생산시설을 가지고 있고 다른 고객의 매출에 영향을 주지 않는다는 조건하에 시럽 1리터를 생산하는 경우 기회원가는 생산으로 인해 증가하는 비용이다.

직접재료원가	$9.00
직접노무원가	5.00
변동제조원가($0.45* × $5)	2.25
합계	$16.25

* 변동제조간접원가 배부율은 $270,000의 변동제조간접원가를 직접노무원가 $600,000으로 나눈금액이다.

b. 총제조원가에서 고정제조간접원가가 차지하는 비중이 75 %이기 때문에, 고정제조간접원가 배부율은 리터당 $ 6.75(75% × $9)이고, 이로 인한 증부원가는 리터당 $16.25($9 + 5 + 2.25)이다. $16.25 보다 입착가격이 크다면 증분이익을 창출할 것이다. 만약 $19의 입찰가격이 수락된다면 회사는 그 가격으로 입찰하여 $13,750 [($19 − $16.25) × 5,000 리터]의 증분이익을 창출 할 수 있을 것이다.

c. 이 경우, 간접원가와 관련 있는 기회원가는 변동제조간접원가 하나이다. 기회원가가 배부기준으로 사용된다면 경영자는 의사결정 시 필요한 정보를 탐색하기 위해 증분 원가를 보다 자세히 들여다 볼 것이다.

▶고급연습문제 6-5. [학습목표 1]

a. 직접노무원가 기준 제조간접원가 배부율

($75,000,000 제조간접원가 ÷ $7,500,000 직접노무원가) 직접노무원가 당$10

기계작업시간 기준 제조간접원가 배부율

($75,000,000 제조간접원가 ÷ 750,000 기계작업시간) 기계작업시간 당 $100

	민간용		군용	
	직접노무원가	기계작업시간	직접노무원가	기계작업시간
직접재료원가	$3,000	$3,000	$3,500	$3,500
직접노무원가	900	900	1,200	1,200
제조간접원가	9,000	10,000	12,000	10,000
총제조원가	$12,900	$13,900	$16,700	$14,700

b. 모델 KV 10민간용의 가격은 배부된 원가에 영향을 받지 않는다. 그러나 군사용은 원가의 10%를 이윤으로 가산된 금액이 가격으로 결정된다. 그러므로 회사는 원가를 높이려 할 것이므로 직접노무원가를 배부기준으로 간접원가를 배부하려 할 것이다. 즉, 기계작업시간을 배부기준으로 배부하였을 경우 원가는 $14,700인데 반해 직접노무원가를 배부기준으로 배부하면 원가는 $16,700이 된다.

c. 윤리적이지 않다. 다만 회사가 그들의 이익을 높이기 위해 그러한 방법을 사용한다는 것이 공공연하게 받아들여지고 있다는 것이 문제이다.

▶고급연습문제 6-6. [학습목표 1]

a. 비행거리의 25%는 국내선(7,500,000마일 ÷ 30,000,000)에서 발생하고, 국제선은 75%를 차지한다. 그러므로 보조부문원가의 25%는 국내선에 배부되고, 나머지 75%가 국제선에 배부된다.

		배부	
	원가	국내선	국제선
탑승권 발권	$4,000,000	$1,000,000	$3,000,000
수화물 처리	2,000,000	500,000	1,500,000
엔진유지관리	9,000,000	2,250,000	6,750,000
합계	$15,000,000	$3,750,000	$11,250,000

b. 인과 과계를 가장 잘 반영하는 것은 엔진유지관리비와 운항거리일 것이다. 그러나 인과간계를 잘 반영하지 못하는 것은 탑승권 발권과 운항거리이다. 그 이유는 운항을 많이 한다고 탑승권 발권 관련 원가가 비례해서 발생하는 것이 아니기 때문이다. 국내선 승객과 비교해볼 때, 국제선 승객이 더 많은 수하물을 가지고 있고, 환승도 더 자주 한다. 그러므로 수화물 처리원가와 운항거리는 운항거리와 탑승권 수속 보다는 인과관계가 더 강할 것이고, 운항거리와 엔진유지관리에 비해서는 인과관계가 약할 것이다.

탑승권 발권에 보다 나은 배부기준은 발권된 탑승권수가 될 것이고, 수화물의 경우는 처리 된 수화물수가 보다 나은 배부기준이 될 수 있다.

▶고급연습문제 6-7. [학습목표 1]

	보조부문의 지원을 받은 생산부문	
보조부문	조립	검사
유지관리 ($700,000)	70%*	30%
컴퓨터 처리($900,000)	30%**	70%

보조부문에서 조립부문에 배부

(.70 × $700,000) + (.30 × $900,000) = $490,000 + 270,000 = $760,000.

서비스부분에서 검사부분에 배부

(.30 × $700,000) + (.70 × $900,000) = $210,000 + 630,000 = $840,000.

*(84,000 ÷ (84,000+36,000))

**(6 ÷ (6+14))

▶고급연습문제 6-8. [학습목표 1]

보조부문	조립	검사
유지관리 ($600,000)	60%	40%
컴퓨터 처리($1,000,000)	40%**	60%

보조부문에서 조립부문에 배부

60% × $600,000	$360,000	
40% × $1,000,000	400,000	
합계	$760,000	

보조부문에서 검사부문에 배부

40% × $600,000		$240,000
60% × $1,000,000		600,000
		$840,000

*(60,000 ÷ (60,000 + 40,000))

**(20 ÷ (20 + 30))

▶고급연습문제 6-9. [학습목표 1]

a.

배부기준	재무설계		비즈니스컨설팅	
	비율	금액	비율	금액
급여	.75*	$1,125,000	.25	$375,000
종업원수	.80**	$1,200,000	.20	$300,000

b. 종업원수와 급여는 그럴듯한 배부기준처럼 보이지만 그 결과는 매우 상이하다. 결국, 대개 많은 경우, 원가배부기준의 선택과 배부가 임의적일 수 있다.

*(15,000,000÷($15,000,000+$5,000,000))

**(200÷(200+50))

▶고급연습문제 6-10. [학습목표 1]

a. 과거 제조간접비 배부율	직접노동시간 당	$12
현재 제조간접비 배부율		
($3,500,000* ÷ 175,000 직접노동시간)	직접노동시간 당	$20
*($2,700,000 + $800,000 = $3,500,000)		
10 직접노동시간에서 현재 제조간접비 배부액		
($20 × 10 직접노동시간)	$200	
10직접노동시간에서 과거 제조간접비 배부액		
($12 × 10 직접노동시간)	$120	

현재 제조간접원가는 전년도 제조간접원가보다 80% ($200 − $120) 더 많다.

b. 올해 소규모 작업은 전년도에 비해 수익성이 낮을 것이다. 왜냐하면 새로운 생산설비의 구입으로 배부된 제조간접원가도 증가하였기 때문이다. 소규모 작업의 원가가 잘 못 책정되어지지 않도록 하는 방법은 작업별로 인과관계를 잘 설명해 줄 수 있는 배부기준을 선택하는 것이다.

▶고급연습문제 6-11. [학습목표 2]

a. 레크리에이션용 카약은 동질적이고 묶음생산이 이루어 질 것이다. 전문가용 카약은 주문별로 생산이 이루어질 것이다. 전문가용 카약은 레져용 카약과 비교해 볼 때, 설비사용 시간이 더 많을 것이고, 품질통제도 더 엄격할 것이며, 작업준비횟수, 그리고 카약 한대 당 기초원가도 더 많을 것이다. 따라서 직접노무원가 하나만을 배부기준으로 간접비를 배부하는 것은 정확하지 않다.

b. 서밋사는 카약 생산에 필요한 각 라인별 활동원가를 확인해야 한다. 주요 제조간접원가가 적절한 원가 동인을 사용하여 각 카약 라인에 적절히 배부된다면 서밋사는 보다 정확한 원가를 계산할 수 있을 것이다.

c.

원가집합	원가	레저용		전문가용	
		배부율	배부액	배부율	배부액
건물	$50,000	.80	$40,000	.20	$10,000
설비	60,000	.85	51,000	.15	9,000
재료주문	25,000	.25	6,250	.75	18,750
품질관리	65,500	.20	13,100	.80	52,400
보안 및 유지관리	37,500	.80	30,000	.20	7,500
작업준비	38,000	.20	7,600	.80	30,400
감독	60,000	.75	45,000	.25	15,000
합계	$336,000		$192,950		$143,050
단위당 원가			$128.63[a]		$715.25[b]

*예를 들어, 건물은 .80 (8,000 ÷ (8,000+2,000))

a $192,950 ÷ 1,500 = 단위당 $128.63

b $143,050 ÷ 200 = 단위당 $715.25

	레저용	전문가용
판매가	$600.00	$1,200.00
직접재료원가	175.00	250.00
직접노무원가	120.00	300.00
제조간접원가	128.63	715.25
총단위당 원가	423.63	1,265.25
매출총이익	$176.37	(65.25)

d. 서밋사가 사용하는 전통적 배부방식은 조업도 기준이다. 이 문제에서, 전문가용 카약이 발생시킨 직접노무비는 레져용카약과 동일하지만, 제조간접원가는 더 많이 발생시켰다. 따라서 더 많이 발생시킨 제조간접비를 더 많이 배부받아야 한다는 활동기준원가계산과 전통적 원가계산 방식은 다를 수 밖에 없다.

▶고급연습문제 6-12. [학습목표 2]

a.

원가집합	제조간접원가배부율
재료주문	$72,000 ÷ 8,000 = 주문 건 수 당 $9
재료검사	$75,000 ÷ 375 = 보고서 한 건 당 $200
설비작업준비	$105,000 ÷ 3,000 = 작업준비 횟수 당 $35
품질관리	$69,000 ÷ 3,000 = 검사건 수 당 $23
기타	$100,000 ÷ $2,000,000 = $0.05 / 직접노무원가

b.

재료주문	주문 건수 당 $9 × 100건	=	$900
재료검사	보고서 한 건 당 $200 × 60건	=	12,000
설비작업	준비작업준비 횟수 당 $35 × 30번	=	1,050
품질관리	품질검사 건수 당 $23 × 150번	=	3,450
기타	직접노무원가 당 $0.05 × $39,000	=	1,950
딸기치즈케익에 배부된 총제조간접원가			$19,350

c. 딸기치즈케익 하나 당 제조간접비 배부율 = $19,350 ÷ 19,500개 = $0.992

d. 딸기치즈케익 당 총원가 = $10 + $2 + $0.992 = $12.992

e. 전통적 방법:

직접노무원가 당 제조간접원가 배부율:	
($421,000 ÷ $2,000,000 직접노무원가 직접노무원가 당)	$0.211
딸기치즈케익 하나 당 직접노무원가	
($39,000 ÷ 19,500개)	$2.000
딸기 치즈케익 하나에 배부된 제조간접원가	
($0.211 × $2.00 직접노무원가)	$0.422

전통적 배부방식은 ABC와 비교해 볼 때 딸기치즈케익에 제조간접원가가 적게 배부한다. 전통적 배부방식은 하나의 원가동인을 사용하여 제조간접원가를 배부하였고, 원가동인은 직접노무원가였다. 그러나 ABC는 활동별로 다양한 원가동인을 사용하므로 제조간접원가를 보다 더 정확하게 배부할 수 있다.

▶고급연습문제 6-13. [학습목표 2]

a.

원가집합	원가	총원가 동인량	원가집합 배부율
반송된 지불완료수표 원가	$3,000,000	200,000	$15.00
은행계정조정원가	60,000	3,000	$20.00
계좌 개설	780,000	60,000	$13.00
말소된 수표 사본	300,000	80,000	$3.75
웹사이트 관리(온라인 뱅킹)	225,000	10	$22,500
총원가	$4,365,000		

b.

원가집합	원가	총원가 동인량	원가집합 배부율
반송된 지불완료수표 원가	18,000	$15	$270,000
은행계정조정원가	420	$20	8,400
계좌 개설	20,000	$13	260,000
말소된 수표 사본	50,000	$3.75	187,500
웹사이트 관리(온라인 뱅킹)	1	$22,500	22,500
총원가			$748,400

ABC 배부:

총제조간접원가	$748,400
÷ 새로운 계좌 수	70,000
계좌당 제조간접원가	$10.69

c. 전통적 배부:

총제조간접원가	$4,365,000
÷ 은행계정조정 횟수	221,750
계좌당 제조간접원가	$19.68

전통적 방식에서 단기금융시장계정은 조업도 수준이 높으므로 원가도 높아진다. 이는 ABC에 비해 더 많은 제조간접원가를 배부 받는 원가배부의 오류를 발생시킨다.

▶고급연습문제 6-14. [학습목표 1, 2]

a. 직접노동시간을 배부기준으로 계산한 제조간접비 예정배부율:

예정 제조간접원가	(a)	$1,800,000
예정 직접노동시간	(b)	120,000
제조간접원가 예정배부율	a÷b	직접노무시간당 $15

스탠다드와 엘리트에 배부된 제조간접원가:

스탠다드	3,000	원가동인 소비 × 배부율 $15 =	$45,000
엘리트	300	원가동인 소비 × 배부율 $15 =	$4,500

b.

개별원가집합 배부율	원가집합배부율
유지관리원가	$700,000 ÷ 120,000 =$5.83 / 직접노무시간
작업준비원가	$500,000 ÷ 200 = $2,500 / 작업준비
엔지니어링원가	$600,000 ÷ 400 = $1,500 / 설계변경회수

	유지관리원가	작업준비원가	엔지니어링원가	총제조간접원가
스탠다드	$17,490	$2,500	$3,000	$22,990
엘리트	1,749	35,000	30,000	66,749

c. 전통적 원가배부 방법을 사용하면 스탠다드의 조업도 수준이 높은 일반적인 제품은 많이 배부 받게 되고, 엘리트의 조업도 수준이 낮은 특별제품은 적게 배부 받게 된다. 모든 ABC는 보다 정확한 배부를 가능하게 하여주는데, 그 이유는 모든 제조간접원가가 직접노동시간에 비례해서 변한다는 가정을 하는 것이 아니라 활동별로 간접비를 발생시키는 배부기준이 다르게 적용하기 때문이다.

▶고급연습문제 6-15. [학습목표 2]

a.

원가집합	원가집합	총원가 원가동인	원가집합배부율
재료주문	$840,000	120,000	$7
재료검사	525,000	2,100	$250
설비작업준비	2,500,000	125	$20,000
품질관리	1,000,000	5,000	$200
기타	25,000,000	$12,500,000	$2
총제조간접원가	$29,865,000		

b.

원가	활동소비량	원가집합 배부율	총 배부액
재료주문	1,200	$7	$8,400
재료검사	315	$250	78,750
설비작업준비	1	$20,000	20,000
품질관리	500	$200	100,000
기타	$320,000	$2	640,000
총제조간접원가			$847,150

c. BC 단위당 제조간접원가 배부율:

총제조간접원가	$847,150
÷ 생산량	÷ 40,000
ABC 단위당 제조간접원가	$21.18

d. ABC 단위당 원가:

직접재료원가	$37.00
직접노무원가	8.00
제조간접원가(위에서 계산된)	21.18
단위당 총원가	$66.18

e. 전통적 배부:

총제조간접원가	$29,865,000
나누기 직접노무원가	12,500,000
직접노무원가를 배부기준으로 사용한 제조간접원가 배부율	$2.39

Art of Design:

총직접노무원가	$320,000
제조간접원가 배부율	2.39
Art of Design에 배부된 제조간접원가	$764,800

전통적 방법을 적용한 단위당 제조간접원가:

총원가	$764,800
÷ 생산량	÷40,000
단위당 제조간접원가	$19.12

전통적 방법을 적용한 단위당 원가:

직접재료원가	$37.00
직접노무원가	8.00
제조간접원가(위에서 배부된)	19.12
단위당 총원가	$64.12

조업도가 상대적으로 낮은 특별제품이라고 하더라도 전통적 배부방식을 사용하면 Art of Design에 배부되는 원가는 적다. 좀더 정확한 간접비 배부를 하고자 한다면 ABC를 사용해야 한다.

▶고급연습문제 6-16. [학습목표 2]

a. 출장예약원가(출장 건수 당):

$1,500,000 ÷ 30,000 건 = 출장 건수 당 $50

탈버트가 벤치마킹한 출장 건수 당 원가는 $35이다. 그러므로 탈버트의 원가는 대략 30% 이상 더 높은 편이다.

b. 출장예약을 담당하는 종업원 급여는 $750,000 (15 명 × $50,000).

총 예약 건수:	
(1.30 × 30,000)	39,000 건
출장완료 건수:	
(2,000 명 × 15 건)	30,000 건

출장취소 건수	9,000 건
출장예약 건수 당 임금:	
($750,000 ÷ 39,000)	$19.23
출장취소에 해당하는 임금:	
(9,000 × $19.23)	$173,070
50% 감소될 경우 절약액:	
($173,070 × .5)	$86,535

▶고급연습문제 6-17. [학습목표 2]

a. 보다 진보된 웹 사이트와 콜 센터를 개발하여 프라임 은행은 입금 프로세스, 출금 프로세스, CD 요청 프로세스, 예금잔고에 대한 응답 등 관련 업무를 줄일 수 있다. 개발된 웹 사이트 또는 콜 센터는 안전금고에 접근 또는 금전출납조정을 수행하는 창구직원의 근무시간에 영향을 주지 않을 것이다.

b. 공통적이고 일반적인 질문에 자동적으로 응답할 수 있는 진보화 된 웹사이트, 자동 현금 인출기, 그리고 고객센터 소프트웨어는 창구직원의 관련 업무를 줄여 줄 수 있을 것이다.

▶고급연습문제 6-18. [학습목표 2]

직원 6000명, 이직율 15%, 900명(.15 × 6,000)이 회사를 그만두고, 900명이 해마다 충원된다. 이러한 상황에서, 새로운 직원교육을 위해 6명의 직원을 배치하는 것은 적절하지 않다. 신입사원 교육에 반나절이 필요하다고 가정하자. 그렇다면 450(900 × ½) 일이 필요할 것이다. 교육직원이 주 5일 연 48주를 일한다고 가정하자. 그렇다면 각 직원별로 240일을 교육해야 하므로, 2명만 필요할 것이다(450 ÷ 240 = 1.875). 따라서 4명을 해고하여 급여 $ 23,333을 절약할 수 있다.

운영과 관련하여, 5명의 직원도 과도하다. 채용, 퇴사, 정년 관련 작업시간이 직원 당 2시간이 필요하다고 가정하자. 이는 3,600시간 (1800건(채용 또는 정년관련) × 2시간)이 필요하다는 것을 의미한다. 직원이 하루 8시간, 주 5일, 48주를 근무한다고 가정하면, 직원 한 명당 1,920시간을 근무할 것이고, 결과적으로 2명(3,600 ÷ 1,920 = 1.875)만 있으면 된다는 것이다. 따라서 3명의 직원을 해고 하여 $10,800을 절약할 수 있다.

제 7 장

경영의사결정에서 원가정보의 활용

The Use of Cost Information in Management Decision Making

주관식 문제 *Questions*

1. 의사결정 대안간의 원가의 차이를 차액원가라고 하며, 수익의 차이를 차액수익이라고 한다.

2. 매몰원가는 과거에 이미 발생한 원가로 의사결정에 따라 변동하지 않기 때문에 관련원가가 아니다.

3. 특정 행위를 결정하게 되면 회피할 수 있는 원가를 의미한다.

4. 기회원가는 선택하지 않은 대안의 이익을 의미하며 어떤 의사결정안을 채택하는가에 따라 달라지기 때문에 관련원가이다. 즉, 어떤 대안을 채택하면 기회원가가 발생하기 때문에 기회원가는 그 대안의 관련원가이다.

5. 제품라인의 중단여부를 결정하기 위한 적절한 분석방법은 제품라인의 중단으로 인한 이익의 변화를 계산하는 것이다. 제품라인을 중단하는 경우 이익이 증가한다면 제품라인은 중단하여야 하며, 이익이 감소한다면 제품라인을 계속 유지하여야 한다.

6. 둘 이상의 제품에서 공통으로 발생하는 원가의 예로 사장의 급여를 들 수 있다. 사장의 급여는 미래기간에도 계속해서 발생하기 때문에 매몰원가는 아니지만 의사결정 대안들 간의 차이가 없기 때문에 비관련원가이다.

7. 부품을 구매하지 않고 자가 제조하는 경우의 질적 이익은 생산공정, 품질, 배송일정과 원가에 대한 통제를 수행할 수 있다는 점이다.

8. 상대적 판매가치법을 이용하여 결합원가를 제품에 배부하는 경우 배부되는 결합원가는 분리점에서의 제품별 판매가치를 초과하지 않는다. 즉 결합원가를 상쇄하는데 기여하는 제품들은 손실을 발생시키는 제품이 아니라고 인식될 것이다.

9. 병목부문에서의 시간의 가치는 일반적으로 매우 높으며 시간당 전체 쓰루풋의 공헌이익과 동일하다. 그러므로 생산설비의 작업준비에 시간을 허비하지 않아야 한다. 배치사이즈가 작을수록 작업준비가 더욱 많이 필요하기 때문에, 병목부문에서는 배치사이즈를 크게 유지하여야 한다고 충고한다.

10. 병목부문은 비병목부문에서의 생산속도를 조절하도록 리듬을 만들어내기 때문에 드럼이라고 부르기도 한다.

연습문제 Exercises

▶ 연습문제 7-1. [학습목표 1]

24시간 동안 가동하는 생산설비의 운영을 중단하는 의사결정 사항을 가정해보자. 이 경우 공장 전체에서 동력비는 고정비이지만, 생산설비의 동력비는"0"이 될 것이다. 즉 동력비는 의사결정에 따라 감소되기 때문에 증분원가이다. 반면 생산설비의 감가상각비도 고정원가이지만 생산설비의 운영을 중단하더라도 감소되지 않기 때문에 매몰원가이며 매몰원가는 증분원가가 아니다.

▶ 연습문제 7-2. [학습목표 1]

부속품의 판매를 중단하면 매출총이익 $30,000도 상실하게 될 것이다. 하지만, 부속품에 배부된 고정원가 $41,000은 그대로 유지된다. 따라서 부속품에 배부된 고정원가는 음악장비에 전가되므로 음악장비는 손실을 기록하게 될 것이다. 즉 고정원가의 배부가 죽음의 나선순환(death spiral)을 초래하게 된다. 생산중단이 이익에 미치는 영향을 분석하는 경우 원가의 변화를 파악하는 중요하며, 이 경우 배부된 공통원가는 원가를 증가시키게 된다.

▶ 연습문제 7-3. [학습목표 1]

매몰원가는 기발생원가이며 미래의 사건과 관계없이 복구되지 않는 원가이다. 향후 결정에 의해 영향을 받지 않기 때문에 매몰원가는 결코 증분원가가 될 수 없으며 의사결정과 관련되지 않는다. 기회원가는 의사결정이 이루어졌을 때 포기한 차선안의 원가이다. 즉 기회원가는 의사결정이 확정되면 발생한다. 따라서 기회원가는 증분원가이며 관련원가이다.

▶ 연습문제 7-4. [학습목표 1]

인테리어 소모품비와 여비교통비는 수익의 증감에 영향을 받는 변동원가이다.

수익 대비 소모품비의 비율		
$35,000 ÷ $350,000		0.10
수익 대비 여비교통비의 비율		
$17,500 ÷ $350,000		0.50
수익 증가 예상액		$60,000
차감:		
공간이용료		15,000
소모품비 증가액(.10 × $60,000)		6,000
여비교통비 증가액(.05 × $60,000)		
	3,000	
이익증가액		$ 36,000

이익증가가 예상되기 때문에 전시회에 참가하여야 한다.

▶연습문제 7-5. [학습목표 1]

RBG의 조사원가		$35,000
차감 : 원가절감액		
우편발송비	$17,500	
인쇄비	6,000	
Pat Fisher의 급여	2,080	25,580
RBG에서 조사하는 경우의 증분원가		$ 9,420

RBG가 조사를 수행하는 경우 원가증가액은 $10,000미만으로 예상되므로 조사를 의뢰할 것이다.

▶연습문제 7-6. [학습목표 1, 2]

a. 단체예약을 수락하는 경우의 증분이익은 $240이다.

단체예약을 수락하는 경우의 수익	
$120 × 175	$21,000
차감: 단체예약의 식음료 원가	
$65 × 175	11,375
단체예약 이익	9,625
단체예약을 수락함으로써 포기한 수익	
$75 × 190	(14,250)
식음료원가 절감액	
$45 × 190	8,550
손실	(5,700)
단체예약을 수락하는 경우의 증분이익	$ 3,925

b. 단체예약을 수락하는 경우의 기회원가는 단체예약으로 인해 포기한 평일 레스토랑 이익으로 a번에 제시된 바와 같이 $5,700이다.

레스토랑을 방문하였다가 단체예약 때문에 레스토랑을 이용할 수 없어 발길을 돌린 일반 고객들 중 일부는 이후에도 레스토랑을 이용하지 않을 수 있다는 점을 고려해야 하며, 이는 장기적으로 부정적인 영향을 미치게 될 것이다.

▶ **연습문제 7-7. [학습목표 1]**

b, c, d, f, g, i

▶ **연습문제 7-8. [학습목표 1]**

	밸브 제조 1,000개	밸브 구매 1,000개	증분원가 (절감액)
변동원가			
직접재료원가	$950,000	−0−	($950,000)
직접노무원가*	650,000	650,000	−0−
변동제조간접원가	300,000	−0−	(300,000)
변동원가계	1,900,000	650,000	(1,250,000)
고정원가			
설비감가상각비	500,000	500,000	−0−
건물감가상각비	200,000	200,000	−0−
감독자 급여*	300,000	300,000	−0−
고정원가 계	1,000,000	1,000,000	−0−
기타			
임차료 절감	−0−	(55,000)	(55,000)
밸브 구매액	−0−	2,100,000	2,100,000
	−0−	2,045,000	2,045,000
합계	$2,900,000	$3,695,000	$ 795,000

밸브를 구매하게 되면 $795,000이 더 많이 발생하기 때문에 밸브를 직접 생산하여야 한다.

*생산작업자와 감독자는 다른 부문으로 배치되므로 밸브를 구매하여도 원가는 발생한다.

▶ **연습문제 7-9. [학습목표 1]**

a. 거짓

b. 거짓

c. 참

d. 거짓

e. 참

f. 거짓

▶ **연습문제 7-10. [학습목표 1]**

d, f, g, h

▶연습문제 7-11. [학습목표 1]

추가가공의 증분이익

추가가공 후 판매가격	$130
직접재료원가	(14)
직접노무원가	(16)
변동제조간접원가	(10)
이익	$90
부분완성품의 판매가격	$107

부분완성품을 다른 제조업체에게 판매한 경우 이익이 $17 더 높다.

▶연습문제 7-12. [학습목표 1, 2]

펌프 제조원가(대)($80 × 15,000)	$1,200,000
차감: 배부된 고정제조간접원가(비관련원가)	(270,000)
가산: 보증비용($20 × 0.4) × 15,000 제품의 40%	120,000
펌프 제조원가(대)	$1,050,000
펌프 구매원가(대)	$1,275,000

펌프를 제조하여야 하며 제조하는 경우 2020년의 예상 원가절감액은 $225,000($1,275,000 − 1,050,000 = $225,000)이다.

펌프를 구매하는 경우 고려하여야 할 질적요소는 펌프의 품질과 펌프의 품질이 월풀의 매출에 미치는 영향, 펌프를 직접 생산하는 경우 품질개선의 기회, 펌프납기일정 및 외부조달로 인한 전략적 효과이다.

▶연습문제 7-13. [학습목표 1]

가구판매를 중단한 경우의 손익계산서

매출액 ($1,400,000 × 1.15)	$1,610,000
차감: 매출원가($900,000 × 1.15)	1,035,000
공헌이익	575,000
차감: 직접고정원가	
급여	175,000
기타	60,000
차감: 고정원가배부액	
임차료	24,000
보험료	6,000

청소비	7,000
사장급여	130,000
기타	12,000
순이익	$161,000

계산결과에서 보듯이 가구부문의 판매를 중단하여도 순이익은 변하지 않는다. 그러나 가구부문의 판매중단으로 인한 전략적 요소 및 기타 질적 요소들을 반드시 고려하여야 한다.

▶ 연습문제 7-14. [학습목표 2]

a. 생수를 병입작업하게 될 회사의 품질보증프로그램을 확인하여야 한다. 페리에사의 벤젠 검출 사건으로 매출이 14% 급락한 것을 기억하라.

b. 프리미엄 브랜드의 인기 때문에 실제로 중저가 와인의 매출이 증가하였을 수 있기 때문에 만약 프리미엄 브랜드의 판매를 중단하는 경우 중저가 와인의 매출이 감소할 수 있다.

c. 가장 크게 고려해야 할 질적 요인은 품질문제이다. 다음으로 생산을 중단하게 되면 회사의 중요한 자원인 숙련된 비디오 생산작업자를 잃게 될 것이다.

▶ 연습문제 7-15. [학습목표 2]

a. 물량기준비율

제품A	30 kg	(1/5)
제품B	120 kg	(4/5)
합계	150 kg	

제품A에는 $6000의 1/5인 $1,200, 제품B에는 4/5인 $4,800을 배부한다.

b. 제품A의 매출액은 $3,000(30kg × $100)이며 제품B의 매출액은 $4,200(120kg × $35)이다. 제품B는 손실(매출액은 $4,200, 결합원가배부액 $4,800)을 보이고 있기 때문에, 관리자는 제품B의 판매를 중단하여야 한다고 판단할 수 있다. 그러나 결합원가는 회피할 수 있는 원가가 아니다. 왜냐하면 결합원가를 회피하기 위해서는 모든 결합제품의 생산을 중단하여야 하기 때문이다. 또한 제품B는 결합원가$4,200을 커버하고 이익을 창출하는데 기여하고 있다.

▶ 연습문제 7-16. [학습목표 2]

a. 상대적 판매가치비율

제품A(30kg × $240)	$7,200	(.75)
제품B(120kg × $20)	2,400	(0.25)
합계	$9,600	

제품A에는 결합원가 $6,000중 $4,500을 제품B에는 $1,500을 배부한다.

b. 결합제품에 배부된 원가가 판매가격보다 높은 경우는 모든 결합제품의 총수익이 결합원가보다 적은 경우에만 발생하며 이 경우에는 모든 결합제품의 생산을 중단하여야 한다.

▶ 연습문제 7-17. [학습목표 2]

물량기준법에 의한 결합원가의 배부

우수등급 =	3,200kg	(0.80)
일반등급 =	800kg	(0.20)
	4,000kg	

상대적 판매가치법에 의한 결합원가의 배부

우수등급 =	3,200 × $0.45 =	$1,440	(0.90)
일반등급 =	800 × $0.20 =	160	(0.10)
		$1,600	

▶ 연습문제 7-18. [학습목표 A1]

단위당 판매가격		$15.00
차감: 단위당 변동원가		
직접재료원가	$2.75	
직접노무원가	1.00	
변동제조간접원가	0.25	4.00
단위당 공헌이익		11.00
생산 증가수량		7,000
추가 생산에 따른 증분이익		77,000
차감: 추가 작업자의 인건비		65,000
추가고용으로 인한 재무적 효과		$12,000

▶고급연습문제 7-1. [학습목표 1]

조안은 TV광고로 인한 매출 증가를 $10,500,000로 높게 추정하고 있다. 보수적으로 추정하는 경우에도 매출을 $9,000,000 증가할 것으로 예상하고 있으며 이익은 다음의 계산결과에서 제시한 바와 같이 $2,300,000으로 산정된다.

증분매출수익	$900,000
차감: 매출원가	3,600,000
($4,200,000÷$10,500,000)×$9,000,000	
차감: TV광고비	3,100,000
증분이익	$2,300,000

조안은 TV광고에 따른 매출의 증가가 일정 수준 이상 초과하지 않으면 사장이 TV광고계획을 채택하지 않을 것을 예측하고 있기 때문에, 그녀는 매출액의 증가를 높게 추정하였다. 조안의 마케팅계획안에 포함된 추정치는 사장에게 왜곡된 정보를 제공하는 것이 아니라 사장이 적절한 의사결정을 할 수 있도록 하기 위한 선의의 추정치라고 볼 수 있다.

하지만 조안이 부주의로 일부 증분원가를 포함하지 않았다는 것을 사장이 알고 있는 경우라고 가정하면, 사장은 조안이 제시한 예상이익보다 좀 더 높은 이익을 요구할 것이다. 이 경우 조안의 추정치는 실제로 주주가치의 감소를 가져올 수 있다.

▶고급연습문제 7-2. [학습목표 1, 2]

a. 연간 재무적 효과

원가절감:		
정원사 급여	$195,000	
조경자재	80,000	
비료	10,000	
연료	12,000	$297,000
장비매각이익		30,000
원가절감액 계:		327,000
차감: 정원관리 외주관리비		300,000
외주관리 1차년도의 이익		$27,000

b. 2차년도의 외주관리에 따른 원가절감액은 장비매각이익이 없으므로 $297,000으로 줄어들게 되며 따라서 순손실 $3,000가 발생하게 된다.

c. 외주관리로 인해 3명의 정원사가 해고되는 경우 종업원의 사기에 부정적인 영향을 미치게 될 것이다. 또한 현재 정원사들은 학교의 나무와 식물에 대하여 매우 잘 알고 있는 반면 외주관리 업체는 그렇지 않다는 것이다.

▶고급연습문제 7-3. [학습목표 1, 2]

a. 증분분석

급여기능 아웃소싱비		$22,000
급여기능 아웃소싱시 원가절감액		
급여담당직원 인건비	$12,000	
급여처리소프트웨어 업데이트비용	1,000	
급여관련 개정세법 세미나 참가비	1,500	(14,500)
급여기능 아웃소싱시 초과원가발생액		$7,500

급여기능의 연간 아웃소싱비용은 $22,000인 반면 직접처리 하는 경우 연간 $14,500이 발생하므로, 아웃소싱하는 경우 $7,500이 더 많이 발생한다.

b. 급여기능의 아웃소싱이 종업원의 사기에 미치는 영향을 고려해야 한다. 아웃소싱이 이루어지게 되면 급여담당직원은 해고되며, 남은 직원들은 자신도 해고될 수 있다는 불안감을 가지게 될 것이고 종업원들의 사기에 부정적 영향을 미치게 될 것이다.

▶고급연습문제 7-4. [학습목표 1]

	자가제조	외부구매	차이
직접재료원가	$35,000	$42,000	$7,000
제작노무원가	4,000	–0–*	(4,000)
설치노무원가	10,000	10,000	–0–
기타 변동원가	1,500	1,500	–0–
고정원가 배부액	3,000	3,000	–0–
지체보상금 ($1,200 × 5)	6,000	–0–	(6,000)
총원가	$59,500	$56,500	($3,000)

외부에서 배관을 구매하는 것이 $3,000원가가 절감되는 것으로 나타나고 있다.

*배관제작작업자들이 다른 프로젝트에 재배치되는 경우 이들의 인건비는 해당 프로젝트에 귀속되기 때문에 외부구매의 경우 제작노무원가를 계상하지 않았다.

▶고급연습문제 7-5. [학습목표 1, 2]

a. $17,450(차량구입비와 수리비의 합)은 매몰원가이며 미래 의사결정에 영향을 미치지 않는다. 매몰원가는 기발생원가로 회복될 수 없는 원가이기 때문에 대안간에 차이가 없으며 의사결정과 관련이 없는 원가이다. 이 경우 수잔은 시빅이 곧 어떤 수리가 필요한지 여부를 판단하여야 한다.

b. 수잔은 포드 포커스를 $8,500에 매각하고, 혼다 시빅을 $8,500에 구입하여야 한다. 따라서 총원가는 $2,000이 된다. 반면 수잔이 포커스를 수리하기로 하였다면 그녀는 수리비로 $2,500을 지불하여야 하며, 이 경우 포드 수리비가 시빅 구입비용보다 더 크게 될 것이다.

c. 수잔은 가족이나 친구의 의견에 영향을 받을 것이다.

▶고급연습문제 7-6. [학습목표 1]

용기 구매가격			
(100,000개 × $1.90)			$190,000
원가절감:			
직접재료원가	(.10 × $8.00 × 100,000)	$80,000	
직접노무원가	(.2 × $3.50 × 100,000)	70,000	
변동간접원가*	(.15 × $1.25 × 100,000)	18,750	
임차료 절약		17,000	
감독자 급여		72,000	257,750
구매의 증분이익			$67,750

용기를 외부에서 구매할 경우 증분이익이 $67,750로 예상된다.

*고정간접원가는 개당 $2.25($225,000/100,000개)이므로 변동간접원가는 $1.25(총간접원가 $3.50 − 고정간접원가 $2.25) 이다.

▶고급연습문제 7-7. [학습목표 1, 2]

a.

	재가공 후 판매	현재 상태로 판매	차이
매출액	$18,000	$10,800	($7,200)
차감:			
기발생 변동원가	8,400	8,400	−0−
기발생 고정원가	7,200	7,200	−0−
재처리 변동원가	2,400	−0−	2,400
합계	$ −0−	($4,800)	($4,800)

재가공 후 판매를 하는 경우 현재 상태로 판매하는 경우보다 이익이 $4,800 더 크게 발생한다.

b. 브랜드를 부착하여 판매하는 경우 ㎡당 판매가격은 $14이며 $6,000[($14−$9)×1,200㎡]의 추가이익이 발생하게 된다. 이 경우 순이익은 $1,200이지만, 중요한 질적 고려요인이 있다는 것을 명심하여야 한다. 하자가 있는 제품이 널리 알려진 회사의 브랜드를 부착하여 판매한다는 것은 $1,200에 불과한 이익보다 더 큰 손실을 초래할 수 있다는 것이다.

▶고급연습문제 7-8. [학습목표 1]

	제품A		제품B	
판매가격		$11.00		$17.00
차감:				
직접재료원가	$2.00		$3.75	
직접노무원가	2.50		3.00	
변동간접원가	2.25	6.75	3.25	10.00
공헌이익		$4.25		$7.00
생산시간(분)		25 분		35분
분당 공헌이익		$0.17		$0.20

제품A를 생산하지 않고는 제품B를 생산할 수 없기 때문에 제품A의 생산여부는 고려대상이 아니다. 이 문제에서는 제품A를 한 단위 가지고 있는 경우 제품B로 추가 가공해서 판매할 것인가 또는 제품A를 더 생산할 것인가를 질문하고 있다. 분석결과 제품A를 한 단위 더 생산하는 경우 1분당 공헌이익은 $0.17이지만 제품B로 가공하는 경우 분당 증분이익은 $0.20이므로 제품B를 생산하여야 한다.

분석결과 제품B가 분당 $0.265만큼 이익을 증가시키기 때문에 제품B를 생산하여야 한다.

▶고급연습문제 7-9. [학습목표 1, 2]

a. 가속장비 중단효과

공헌이익상실분	($310,000)
직접인건비 절감액	65,000
순효과	($245,000)

가속장비의 판매를 중단하면 이익의 감소가 $245,000 발생한다.

b. 가속장비의 판매를 중단하면 다른 제품의 매출이 감소될 것으로 예상된다. 가속장비를 구입하기 위해서 매장을 방문한 고객 중 일부는 오디오나 비디오를 구입하기도 하기 때문이다. 따라서 가속장비의 판매를 계속하여야 한다는 의견이 더욱 지지를 얻는다.

▶고급연습문제 7-10. [학습목표 1]

패스큐 잔디의 공헌이익: $3.00 - $0.85 = $2.15/㎡

버뮤다 잔디의 공헌이익: $3.85 - $1.57 = $2.28/㎡

버뮤다 잔디를 65,000㎡ 더 재배한다면 연간 이익이 $8,450[($2.28−$2.15) × 65,000] 증가하게 될 것이다. 즉, 사장의 주장대로 의사결정을 하는 경우 기회원가는 $8,450이 될 것이다.

▶고급연습문제 7-11. [학습목표 1]

a. 모델 599 생산중단의 영향

매출액 상실분 ($18,000 × 1,000)		($18,000,000)
원가절감액		
직접재료원가 ($7,000 × 1,000)	$7,000,000	
직접노무원가 ($5,000 × 1,000)	5,000,000	
직접고정원가	1,000,000	13,000,000
순이익		($5,000,000)

모델599의 생산을 중단하게 되면 이익이 $5,000,000 감소하게 된다.

b. 모델599는 단위당 직접노무원가가 상대적으로 높기 때문에, 직접노무원가를 기준으로 한 단일 배부기준으로 간접원가를 배부하게 되면, 모델599에 상대적으로 많은 간접원가가 배부된다. 또한 모델599에 공통원가도 더 많이 배부된다.

▶고급연습문제 7-12. [학습목표 1]

a. 일반등급 생산중단 시의 이익보고서

	표준	고급	합계
판매량	45,000m	75,000m	120,000m
매출액	$700,000	$1,525,000	$2,225,000
차감: 변동원가	430,000	925,000	1,355,000
차감: 고정원가	303,750*	506,250**	810,000
이익(손실)	($33,750)	$93,750	$60,000

* (45,000 ÷ 120,000) × $810,000 = $303,750

** (75,000 ÷ 120,000) × $810,000 = $506,250

b. 표준등급 제품의 생산을 중단하였다고 가정하는 경우

	고급
판매량	75,000m
매출액	$1,525,000
차감: 변동원가	925,000
차감: 고정원가	810,000
이익(손실)	($210,000)

c. 많은 경우 공통원가는 제품이나 제품라인의 생산이 중단되어도 감소되지 않고 남아있는 제품이나 제품라인에 전가되어 또 다른 제품이 손실을 보고하게 된다.

▶고급연습문제 7-13. [학습목표 2]

a.

결합원가($35+$100)	$135.00
무게기준 결합원가의 배부	
베니어판(10 kg ÷ 70 kg) × $135	$19.29
껍질 벗긴 통나무(60 kg ÷ 70 kg) × $135	115.71
	$135.00
베니어판 단위당 이익:	
판매가격	$150.00
원가	19.29
단위당 이익	$130.71

껍질 벗긴 통나무 단위당 이익:

판매가격	$50.00
원가	115.71
단위당 이익(손실)	($65.71)
결합제품 총이익	
($130.71 − $65.71)	$65.00

b. 껍질 벗긴 통나무제품 1단위는 결합원가를 $50씩 커버하고 있다.

c. 상대적 판매가치 기준 배부

베니어판($150 ÷ $200) × $135	$101.25
껍질 벗긴 통나무($50 ÷ $200) × $135	33.75
	$135.00
베니어판 단위당 이익:	
판매가격	$150.00
원가	101.25
단위당 이익	$48.75
껍질 벗긴 통나무 단위당 이익:	
판매가격	$50.00
원가	33.75
단위당 이익(손실)	$16.25
결합제품 총이익	
($48.75 + $16.25)	$65.00

d. 상대적 판매가치를 이용하여 결합원가를 배부하는 경우 손실을 나타내는 결합제품이 없기 때문에 무게기준의 결합원가배부보다 적절하다고 할 수 있다(상대적 판매가치의 합계가 결합원가보다 적다면 결합제품 중 일부는 손실로 나타날 것이다).

▶고급연습문제 7-14. [학습목표 2]

a. 분리점에서의 상대적 판매가치법에 의한 결합원가의 배부

오렌지껍질 100 kg의 판매가치	$350
오렌지주스 300리터의 판매가치	
(300 × $.50)	150
합계	$500

결합원가($500 + $50)	$550
오렌지 껍질에 배부될 결합원가($350 ÷ $500) × $550	$385
오렌지 주스에 배부될 결합원가($150 ÷ $500) × $550	165
합계	$550

설탕 입힌 오렌지 껍질 100kg의 이익:	
판매가격	$600
차감: 결합원가	385
차감: 설탕 및 포장원가	60
이익	$155

오렌지주스 1리터의 이익:	
판매가격	$1.75
차감: 1리터당 결합원가	
($165 ÷ 300)	0.55
차감: 살균처리 및 포장원가	
($240 ÷ 300)	0.80
이익	$0.40

b. 오렌지 껍질의 추가가공에 대한 증분분석

증분수익($600 − $350)	$250
증분원가	60
증분이익	$190

c. 오렌지 주스 1리터의 추가가공에 대한 증분분석

증분수익($1.75 × 300리터) − ($0.50 × $300리터)	$375
증분원가	(240)
증분이익	$135

$135 ÷ 300리터 = $0.45/리터

▶고급연습문제 7-15. [학습목표 2]

a. 무게기준 결합원가의 배부

종류	무게(kg)	비율
연어	15,000	20%
넙치	23,000	31%
도다리	37,000	49%
	75,000	100%

연어

수익 (15,000kg × $9.00)	$135,000
원가 (0.20 × $96,000)	19,200
이익	$115,800

넙치

수익 (23,000kg × $6.00)	138,000
원가 (0.31 × $96,000)	29,760
이익	$108,240

도다리

수익 (37,000kg × $3.00)	$111,000
원가 (0.49 × $96,000)	47,040
이익	$63,960

총이익

($115,800 + $108,240 + $63,960)	$288,000

b. 상대적 판매가치 기준 결합원가의 배부

종류	무게(kg)	비율
연어	$135,000	35.2%
넙치	138,000	35.9%
도다리	111,000	28.9%
	$384,000	100%

연어

수익 (15,000kg × $9.00)	$135,000
원가 (0.352 × $96,000)	33,750
이익	$101,250

넙치

수익 (23,000kg × $6.00)	$138,000
원가 (0.359 × $96,000)	34,500
이익	$103,500

도다리

수익 (37,000kg × $3.00)	$111,000
원가 (0.289 × $96,000)	27,750
이익	$83,250

총이익

($101,250 + $103,500 + $83,250)	$288,000

c. 도다리 추가가공의 증분분석

수익

페이스트 가공수익((37,000kg ÷ 2) × $7)	$129,500
도다리 판매수익(37,000kg × $3)	111,000
증분수익	18,500
증분원가	10,000
증분이익	$8,500

추가가공으로 $8,500 이익이 발생하기 때문에 도다리의 추가가공을 해야 한다. 도다리에 배부된 결합원가는 추가가공 의사결정과 관련이 없다는 점을 기억하라. 결합원가는 증분원가가 아니기 때문에 도다리의 추가가공여부와 관련이 없다.

▶고급연습문제 7-16.

a. 중량기준 결합원가의 배부

종류	무게(kg)	비율
구리	62,500	99.60%
금	250	0.40%
	62,750	100.00%

구리

수익 (62,500kg × $2.50)	$156,250
원가 (0.9960 × $500,000)	498,000
이익(손실)	($341,750)

금

수익 (250kg × 16 × $1,300)	$5,200,000
원가 (0.0040 × $500,000)	2,000
이익	$5,198,000

총이익

(−$341,750 + $5,198,000)	$4,856,250

중량(물리적수량)기준 배부법의 한계는 구리와 같이 결합원가를 커버하는데 공헌하는 제품이 손실을 나타내는 것처럼 보고하기 때문에 제품의 생산을 중단하여야 하는 것처럼 보일 수 있다는 것이다.

b. 상대적판매기준 결합원가의 배부

종류	판매가치	비율
구리	$156,250	2.92%
금	5,200,000	97.08%
	$5,356,250	100.00%

구리

수익 (62,500kg × $2.50)	$156,250
원가 (0.0292 × $500,000)	14,600
이익(손실)	$141,650

금

수익 (250kg × 16 × $1,300)	$5,200,000
원가 (0.9708 × $500,000)	485,400
이익	$4,714,600

총이익

($141,650 + $4,714,600)	$4,856,250

c. 결합원가가 판매가치보다 크다면 상대적 판매가치에 의해서 결합원가를 배부하는 경우 구리와 금 모두 손실을 보고할 것이다.

▶고급연습문제 7-17. [학습목표 A1]

a. 큰 배치사이즈에 따른 추가생산량(2,300 − 2,000)	300
× 단위당 평균 공헌이익	$60
배치사이즈 변경에 따른 추가 이익	$18,000

b. 배치사이즈의 확대는 새로운 주문에 대해 신속하게 대응할 수 있는 유연성을 감소시키며, 생산공정 중 오류가 발생하였을 경우 작은 배치사이즈에 비하여 불량품의 생산량이 증가할 수 있다.

▶고급연습문제 7-18. [학습목표 1, A1]

a. 사장의 의견에 따르면 2명의 작업자가 주당 10시간을 근무하기 때문에 나머지 30시간은 작업하지 않을 것이다. 포장작업을 기계로 하는 경우 수작업의 경우보다 생산속도가 20% 증가하였기 때문에 시간당 수작업 포장수량은 2,083병(2,500병÷1.2)임을 알 수 있다.

병당 공헌이익이 $0.60이므로 작업자 별 주당 공헌이익은 $12,498(2,083병/시간 × 10시간/주 × $0.60)이다.

연간 52주로 계산하면 $649,896이 되며, 2명의 작업자를 재고용할 경우 이들의 인건비 $120,000보다 높다. 따라서 2명의 작업자를 재고용하는 것이 회사의 입장에서 유리하다.

제 8 장

가격결정, 고객수익성 분석 및 활동기준가격결정

Pricing Decisions, Customer Profitability Analysis, and Activity-Based Pricing

주관식 문제 *Questions*

1. 경영자는 다양한 판매가격수준에 따라 판매량을 추정한 후 추정판매량에 단위당 공헌이익을 곱한 다음 고정원가를 차감하여 각 판매가격별 이익을 산출한다. 산출된 이익 중 가장 높은 이익을 창출한 판매가격을 이익극대화 판매가격으로 결정한다.

2. 원가가산가격결정법은 단위당 전부원가를 기초로 산출된다. 하지만 단위당 전부원가를 계산하기 위해서는 판매가능량을 우선 추정해야 하는데 문제는 추정판매량이 가격에 영향을 받는다는 것이다. 수요공급의 법칙에 따라 수요량의 변화에 따라 가격이 변화되고 변화된 가격에 의해 수요량이 변화하기 때문에 가격순환문제가 발생한다.

3. 목표원가는 판매가격에 따라 변동된다. 마케팅 담당자는 제품의 특징과 가격을 결정하고, 엔지니어는 설정된 제품의 특징에 근거하여 효율적인 생산방법을 결정한다. 원가회계담당자는 생산방법을 기초로 원가를 추정하기 때문에 목표원가 설정 과정에 다양한 분야의 종업원들이 참여하게 되어 의사소통이 원할해지며 목표원가로 제품을 생산할 가능성이 증가한다.

4. 고객수익성분석에서는 간접원가를 원가집합으로 설정한 후 이들 원가를 다양한 원가동인을 이용하여 고객별로 배부하여 고객별 수익성을 분석하게 된다.

5. 활동기준가격결정에서는 고객이 제공받는 다양한 서비스별로 비용을 산정한다. 예를 들어, 긴급주문에 대한 배송과 반품에 대한 배송은 서로 다른 비용을 부과한다. 따라서 높은 비용을 부담시키는 고객은 요청하는 서비스에 대한 비용을 부담하게 될 것이다.

6. 목표원가계산은 제품별 고객이 필요로 하는 제품의 특징과 가격을 확인하는 것에서부터 시작된다. 다음 단계는 기업에서 목표로하는 희망이익을 결정한다. 희망이익을 예상가격에서 차감하면 목표원가가 산출된다. 마지막으로 목표원가수준에서 제품을 설계한다.

7. 다양한 판매가격수준에서 제품의 판매수량을 추정한다. 각 판매가격에서 변동원가를 차감하면 공헌이익이 산출되며, 공헌이익에서 고정원가를 차감하면 판매가격 별 예상이익이 결정된다. 이익극대화 가격결정법의 한계는 현실에서 다양한 가격수준별 수요량을 추정하기 어렵다는 것 이다.

8. 특별주문은 정상가격보다 낮은 가격으로 판매되는 주문을 의미한다. 만약, 공장을 완전 가동 하고 있다면 특별주문을 수락함으로써 포기한 매출의 기회원가를 고려해야 한다. 만약, 여유 조업도가 있다면 특별주문의 수락으로 포기한 매출이 없기 때문에 특별주문 수락여부를 고려 해야 한다.

9. 원가가산가격결정법에서 이윤율을 결정하는 것이 쉽지 않기 때문에 다양한 수준의 이윤율을 검토해야 한다. 또한 제조기업의 경우 원가가산 가격결정법은 가격순환문제가 발생한다. 이윤율을 결정하기 위하여 단위당 고정원가에 대한 계산이 선행되어야 하는데 단위당 고정원가를 산정하기 위해서는 수요에 대한 추정이 이루어져야 한다. 추정 수요량이 감소하면 단위당 고정원가는 증가하게 되며 이는 판매가격의 증가를 가져온다. 판매가격의 증가는 수요의 감소를 가져오게 되는 가격순환의 문제가 발생한다.

10. 최저 특별주문가격은 주문의 수락으로 발생하는 기회원가를 포함하는 증분원가이다. 따라서 단위당 변동원가가 최저 특별주문가격이다.

연습문제 Exercises

▶ 연습문제 8-1. [학습목표 2]

컴퓨터가 생필품이더라도 컴퓨터를 생산하여 판매하는 벨사의 비즈니스 프로세스는 경쟁우위의 원천이다. 벨사의 비즈니스 프로세스가 경쟁사보다 우수하다면 낮은 판매가격으로 시장점유율 이 증가하게 될 것이다. 또한 벨사는 낮은 가격에서 더 큰 이익을 창출할 수 있게 되며 이러한 낮은 가격은 경쟁사를 크나큰 난관에 봉착하게 할 것이다.

▶ 연습문제 8-2. [학습목표 3]

CFO는 $1,000,000를 투자하여 고객별 수익성을 파악하고자 한다. 특히 빈번한 소규모 주문 고객의 경우 대금 청구정보가 누락되거나 청구시기가 늦어져서 회사에 손실을 입히고 있다는 점을 우려하고 있다. 비수익적인 고객과의 거래를 단절하게 되면 매출이 감소하더라도 오히려 이익이 증가할 것으로 예상하고 있다.

반면 마케팅 부사장은 고객별 수익성분석으로 일부 고객과의 거래가 중단될 것을 우려하고 있다. 이로 인한 매출의 감소는 자신의 보너스에 부정적인 영향을 미치게 될 것이기 때문이다. 그러나 고객수익성분석이 수익성이 낮은 고객과의 관계나 판매가격의 변화에 영향을 미치지 않는다면 고객별 수익성분석을 수행할 의미가 없다.

▶ 연습문제 8-3. [학습목표 1]

단위당 판매가격	$6.00		$7.00	
단위당 변동원가	1.20		1.20	
단위당 공헌이익	4.80		5.80	
판매수량	×2,000		×1,000	
총공헌이익	9,600		5,800	
차감: 공헌이익 감소분	2,880	(600ea × $4.80)	1,440	(300ea × $4.80)
순이익	$6,720		$4,360	

계절맥주를 박스당 $6에 판매하는 것이 유리하다.

▶연습문제 8-4. [학습목표 1]

수량	가격	단위당변동 원가	단위당공헌 이익	총 공헌이익	고정원가	이익
25,000	$7.95	$2.20	$5.75	$143,750	$95,000	$48,750
31,000	6.95	2.20	4.75	147,250	95,000	52,250
37,000	5.95	2.20	3.75	138,750	95,000	43,750

단위당 판매가격이 $6.95일 때 월 이익은 최대가 된다.

▶연습문제 8-5. [학습목표 1]

수량	가격	단위당변동 원가	단위당공헌 이익	총 공헌이익	고정원가	이익
330	$12.50	$2.50	$10.00	$3,300	$1,750	$1,550
380	11.50	2.50	9.00	3,420	1,750	1,670
390	10.50	2.50	8.00	3,120	1,750	1,370
430	9.50	2.50	7.00	3,010	1,750	1,260

단위당 판매가격이 $11.50일 때 월 이익은 최대가 된다.

▶연습문제 8-6. [학습목표 1]

증분수익 ($125 × 3,000단위)		$375,000
증분원가		
직접재료원가($725,000/25,000 × 3,000)	$87,000	
직접노무원가($475,000/25,000 × 3,000)	57,000	
변동제조간접원가($225,000/25,000 × 3,000)	$27,000	171,000
증분이익		$204,000

주문을 수락하면 증분이익은 $204,000이다.

(별해) 단위당 원가를 이용한 방법

단위당 증분수익		$125
단위당 증분원가		
단위당 직접재료원가($725,000/25,000)	$29	
단위당 직접노무원가($475,000/25,000)	19	
변동제조간접원가($225,000/25,000)	9	57
단위당 증분이익		$68
추가주문 단위		3,000
증분이익		$204,000

▶연습문제 8-7. [학습목표 1]

증분수익 ($900 × 150기업)		$135,000
증분원가		
직접노무원가($360,000/800 × 150)	$67,500	
변동제조간접원가($320,000/800 × 150)	60,000	127,500
증분이익		$7,500

주문을 수락하면 연간 추가이익은 $7,500이다.

▶연습문제 8-8. [학습목표 1]

증분수익 ($57 × 130)		$7,410
증분원가:		
직접노무원가 $18[a] × 130	$2,340	
변동제조간접원가 $12[b] × 130	1,560	3,900
증분이익		$3,510

[a] $13,950 ÷ 775

[b] $9,300 ÷ 775

로터리클럽의 주문을 수락할 경우 연간 증분이익은 $3,510이다.

▶연습문제 8-9. [학습목표 2]

a. 단위당 변동원가	$80
단위당 고정원가($240,000 ÷ 1,200)	200
단위당 총원가	280
이윤(마크업 25%)	70
판매가격	$350

b. 단위당 변동원가	$80
단위당 고정원가($240,000 ÷ 600)	400
단위당 총원가	480
이윤(마크업 25%)	120
판매가격	$600

c. 회사는 단위당 판매가격이 $600일 때 600단위를 판매하지 못하며, 단위당 $350에 판매하여야 한다.

▶**연습문제 8-10. [학습목표 2]**

a.

단위당 변동원가	$15.00
단위당 고정원가($210,000 ÷ 60,000)	3.50
단위당 총원가	18.50
이윤(마크업 30%)	5.55
판매가격	$24.05

b.

단위당 변동원가	$15.00
단위당 고정원가($210,000 ÷ 40,000)	5.25
단위당 총원가	20.25
이윤(마크업 30%)	6.08
판매가격	$26.33

c. 판매수량이 감소하면 단위당 고정원가는 증가하게 되므로, 원가가산가격결정법을 사용하는 경우 단위당 판매가격은 증가하게 될 것이다. 즉 생산량의 감소는 원가의 증가를 가져오고 다시 가격의 증가를 유도하게 된다.

▶**연습문제 8-11. [학습목표 2]**

a. 단위당 목표원가는 $2,100 = [$2,800 - ($2,800 × 25%)] 이다.

b. 제품을 $2,100수준에서 생산할 수 없다면, 제품의 예상판매가격이나 특징을 수정해서 목표원가로 생산할 수 있는 방법을 고려해야 한다.

▶**연습문제 8-12. [학습목표 2]**

a. 단위당 목표원가는 $97.50 = [$150 - ($150 × 35%)] 이다.

b. 제품을 목표원가 $97.50으로 생산할 수 없다면 판매가격을 인상하거나 제품의 기능을 수정해서 목표원가로 제품을 생산할 수 있는 방법을 고려해야 한다. 단, 신제품의 생산을 포기하는 것은 고려사항이 아니다.

▶**연습문제 8-13. [학습목표 2]**

a. 단위당 목표원가는 $24.50 = [$35 - ($35 × 30%)] 이다.

b. 제품을 목표원가 $24.50으로 생산할 수 없다면 판매가격을 인상하거나 제품의 기능을 수정해서 목표원가로 제품을 생산할 수 있는 방법을 고려해야 한다.

▶연습문제 8-14. [학습목표 3]

매출액		$55,000
차감:		
매출원가 (0.85 × $55,000)	$46,750	
주문처리 (250 × $6)	1,500	
긴급주문 처리 (0.7 × 250 × $11)	1,925	
고객서비스 (160 × $12)	1,920	
고객관계관리	3,500	55,595
회사의 이익		$ (595)

▶연습문제 8-15. [학습목표 3]

a. 수익

매출액	$55,000	
주문처리수수료수익(250 × $7)	1,750	
긴급주문수수료수익(0.7 × 250 × $13)	2,275	
고객서비스수수료수익(160 × $17)	2,720	$61,745
원가		
매출원가(0.85 × $55,000)	$46,750	
주문처리비(250 × $6.00)	1,500	
긴급주문처리비(0.7 × 250 × $11.00)	1,925	
고객서비스(160 × $12.00)	1,920	
고객관계관리	3,500	55,595
회사의 이익		$6,150

b. 우선 긴급주문과 고객서비스요청의 횟수를 줄이고자 노력할 것이며, 단일 주문당 주문량을 증가시켜 전체 주문횟수를 감소하고자 할 것이다.

▶연습문제 8-16. [학습목표 3]

매출액		$22,000
차감		
매출원가($22,000 × 0.80)	$17,600	
주문처리비($9 × 170)	1,530	
긴급주문처리($11 × 170 × 0.80)	1,496	
기술지원($13 × 90)	1,170	
고객관계관리($1,800 × 1)	1,800	23,596
회사의 이익		($1,596)

▶**연습문제 8-17. [학습목표 3]**

a.

매출액	$22,000	
주문처리수수료 수익($11 × 170)	1,870	
긴급주문처리수수료 수익 ($20 × 0.80 × 170)	2,720	
고객지원수수료수익($21 × 90)	1,890	
총수익		$28,480
원가 차감:		
매출원가	$17,600	
주문처리비	1,530	
긴급주문처리비	1,496	
기술지원비	1,170	
고객관계관리비	1,800	
총원가		23,596
회사의 이익		$4,884

b. 활동기준 가격결정법을 적용할 경우 회사의 주문활동은 전년도에 비하여 감소하게 될 것이다. 회사가 긴급주문과 고객지원활동에 비용이 부과되는 것을 인식한다면, 이들 서비스의 이용을 줄이고자 할 것이다. 추가로 각 주문의 주문크기를 증가시켜서 연간 전체 주문횟수를 감소하고자 할 것이다.

고급연습문제 Problems

▶고급연습문제 8-1. [학습목표 1]

a.

수량	가격	변동원가*	단위당공헌이익	총공헌이익	고정원가	이익
15,000	$85	$50	$35	$525,000	$160,000	$365,000
20,000	75	48	27	540,000	160,000	380,000
30,000	65	46	19	570,000	160,000	410,000
45,000	55	44	11	495,000	160,000	335,000
65,000	45	42	3	195,000	160,000	35,000

* 단위당 변동원가 = 가격 × 20% + $28(변동제조원가) + $5(배송비용)

이익극대화 판매가격은 $65이며 $410,000의 이익을 창출한다.

▶고급연습문제 8-2. [학습목표 1]

a.

수량	가격	변동원가*	단위당 공헌이익	총 공헌이익	고정원가**	이익
450	$65.99	$41.50	$24.49	$11,020.50	$8,500	$2,520.50
725	55.99	39.00	16.99	12,317.75	8,500	3,817.75
800	45.99	36.50	9.49	7,592.00	8,500	(908.00)
1,000	35.99	34.00	1.99	1,990.00	8,500	(6,510.00)
1,300	25.99	31.50	(5.51)	(7,163.00)	8,500	(15,663.00)

* * 단위당 변동원가 = 가격 × 25% + $15(변동제조원가) + $10(배송비용)

** $7,000 + $1,500

b. 이익극대화 판매가격은 $55.99이며 $3,817.75의 이익을 창출한다.

▶고급연습문제 8-3. [학습목표 1]

비윤리적인 행위이며, 차별적인 가격책정을 금하는 로빈슨 팻맨법Robinson–Patman Act을 위반한다. 지역코드(우편번호)에 따라 다른 가격을 부과하는 행위는 가격차별의 대표적 사례이다.

▶고급연습문제 8-4. [학습목표 1]

a.

신제품		프리미엄		총수익[1]	신제품[2] 원가	프리미엄[3] 원가	이익[4]
가격	수량	가격	수량				
$9.99	36,000	$20.99	12,000	$611,520	$324,000	$144,000	$143,520
10.99	35,500	20.99	12,300	648,322	319,500	147,600	181,222
11.99	35,000	20.99	12,500	682,025	315,000	150,000	217,025
12.99	34,000	20.99	13,000	714,530	306,000	156,000	252,530
13.99	31,000	20.99	14,000	727,550	279,000	168,000	280,550
14.99	26,000	20.99	15,000	704,590	234,000	180,000	290,590
15.99	16,000	20.99	16,000	591,680	144,000	192,000	255,680
16.99	11,000	20.99	20,000	606,690	99,000	240,000	267,690
17.99	6,000	20.99	22,000	569,720	54,000	264,000	251,720
N/A	–	20.99	26,000	545,740	–	312,000	233,740

1. 수익 = 신제품가격 × 신제품수량 + 프리미엄 가격 × 프리미엄 수량
2. 신제품 원가 = $9 × 신제품수량
3. 프리미엄 원가 = $12 × 프리미엄수량
4. 이익 = 총수익 – 신제품 원가 – 프리미엄원가

신제품 사료의 이익극대화 가격은 $14.99이다.

b. 이익극대화 가격에서 이익은 $290,590이며, 프리미엄 브랜드를 제외하였을 때 이익은 $233,740이기 때문에, 프리미엄 브랜드를 함께 출시하는 경우 이익이 $56,850 더 높다.

▶고급연습문제 8-5. [학습목표 1]

a.

A'가격	A'수량	B'가격	B'수량	총수익[1]	A원가[2]	B원가[3]	이익[4]
$10	950	$16	200	$12,700	$5,700	$1,400	$5,600
11	900	16	275	14,300	5,400	1,925	6,975
12	825	16	350	15,500	4,950	2,450	8,100
13	725	16	395	15,745	4,350	2,765	8,630
14	550	16	475	15,300	3,300	3,325	8,675
15	460	16	525	15,300	2,760	3,675	8,865
16	300	16	575	14,000	1,800	4,025	8,175
17	200	16	625	13,400	1,200	4,375	7,825
18	125	16	675	13,050	750	4,725	7,575
N/A	–	16	800	12,800	–	5,600	7,200

1. 수익 = A CD가격 × A CD수량 + B CD가격 × B CD수량
2. A CD원가 = $6 × A CD수량
3. B CD원가 = $7 × B CD수량
4. 이익 = 총수익 – A CD원가 – B CD원가

작곡가 A씨 CD의 이익극대화 가격은 $15이다.

b. 이익극대화 가격에서 이익은 $8,865이며, A씨 CD를 제외하였을 때 이익은 $7,200이기 때문에, 작곡가 A씨 CD를 함께 판매하는 경우 이익이 $1,665 더 높다.

▶고급연습문제 8-6. [학습목표 2]

a. 단위당 변동원가	$2,700
단위당 고정원가($12,600,000 ÷ 6,000)	2,100
합계	$4,800
이윤(30% × $4,800)	1,440
판매가격	$6,240

b. 가격은 수요량에 영향을 미치지만, 또한 추정수요량은 가격을 결정하는데 사용된다.

c. 단위당 변동원가	$2,700
단위당 고정원가($12,600,000 ÷ 5,000)	2,520
합계	$5,220
이윤(30% × $5,220)	1,566
판매가격	$6,786

d. 가격을 $6,786로 인상하면 판매량은 감소할 것이다.

e. 총원가를 기준으로 이윤을 산출하기 위해서 제조기업은 우선 판매량을 결정하고 결정한 판 매량을 기준으로 단위당 고정제조원가를 결정한다. 그러나 가격은 판매량에 영향을 미치기 때 문에 가격결정과정은 본질적으로 순환하는 것이다.

▶고급연습문제 8-7. [학습목표 2]

a. 단위당 변동원가	$33.00
단위당 고정원가($850,000 ÷ 8,500)	100.00
합계	133.00
이윤(35% × $133)	46.55
판매가격	$179.55

b. 단위당 변동원가	$33.00
단위당 고정원가($850,000 ÷ 6,250)	136.00
합계	169.00
이윤(35% × $169)	59.15
판매가격	$228.15

c. 두 번째 시나리오에서는 판매량의 감소로 단위당 고정원가가 증가하여 가격이 높아졌다. 원가가 인상되면 이윤과 가격이 증가하게 된다. 그러나 가격이 인상되면 다시 수요는 감소하게 되고 전년도에 추정한 수량보다 판매량이 줄어들게 될 것이다. 이러한 상황을 죽음의 소용돌이 death spiral 라고 한다. 즉 원가가 증가할수록 가격이 높아지게 되므로 다시 수요가 감소하게 되고 이는 다시 원가의 증가를 유도하게 된다.

▶고급연습문제 8-8. [학습목표 2]

a.

단위당 변동원가	$400
단위당 고정원가($400,000 ÷ 1,600)	250
합계	650
이윤(50% × $650)	325
판매가격	$975

b.

단위당 변동원가	$400
단위당 고정원가($400,000 ÷ 1,000)	400
합계	800
이윤(50% × $800)	400
판매가격	$1,200

c. 두 번째 시나리오에서는 판매량의 감소로 단위당 고정원가가 증가하여서 가격이 높아졌다. 원가가 인상되면 이윤과 가격이 증가하게 된다. 그러나 가격이 인상되면 다시 수요는 감소하게 되고 전년도에 추정한 수량보다 판매량이 줄어들게 될 것이다.

d. 이러한 상황을 죽음의 나선순환이라고 한다. 즉 원가가 증가할수록 가격이 높아 지게 되므로 다시 수요가 감소하게 되고 이는 다시 원가의 증가를 유도하게 된다.

▶고급연습문제 8-9. [학습목표 2]

a.

가격	$5,000
목표이익($5,000 × 30%)	(1,500)
목표원가	$3,500

b. $2,500 + ($2,500,000 ÷ X) = $3,500, X = 2,500단위

c.

가격	$4,000
목표이익($4,000 × 30%)	(1,200)
목표원가	2,800

단위당 변동원가($2,500 − 800)	$1,700
단위당 고정원가($2,500,000 ÷ 2,500)	1,000
합계	2,700

수정된 목표원가는 $2,800이며, 스팀기능을 제외하면 판매량을 2,500단위로 가정하였을 경우 단위당 원가는 $2,700이다. 따라서 새로운 목표원가보다 낮은 금액으로 제품을 생산할 수 있다.

▶고급연습문제 8-10. [학습목표 4]

a.

가격	$4,700
목표이익($4,700 × 25%)	(1,175)
목표원가	$3,525

b. $2,900 + ($1,800,000 ÷ X) = $3,525, X = 2,880단위

c.

가격	$4,000
목표이익($4,000 × 25%)	(1,000)
목표원가	$3,000

단위당 변동원가($2,900 − 650)	$2,250
단위당 고정원가($1,800,000 ÷ 2,600)	692
합계	$2,942

수정된 목표원가는 $3,000이며, 접이식 음향판을 제외하면 판매량을 2,600단위로 가정할 경우 단위당 원가는 $2,942이다. 따라서 새로운 목표원가보다 낮은 금액으로 제품을 생산할 수 있다.

▶고급연습문제 8-11. [학습목표 3]

a. 단위당 서비스 원가의 산출

주문변경원가 ($212,500 ÷ 850)	$250
반품처리원가($70,000 ÷ 1,000)	70
회의시간 원가($78,000 ÷ 1,300)	60

고객 A의 간접서비스 원가	
주문변경원가 ($250 × 25회)	$6,250
반품처리원가($70 × 33회)	2,310
회의시간 원가($60 × 40시간)	2,400
합계	$10,960

b. 로덴사는 활동기준가격결정시스템의 도입을 고려해야 하며, 고객 A와 같은 회사에게는 간접서비스 원가를 부과해야 한다.

▶고급연습문제 8-12. [학습목표 3]

a.

제품원가와 설치작업자 임금 합계액의 35% 이윤가산	$270,000
간접서비스에 대한 수수료 수익	
주문변경 (25 × $300)	$7,500
반품 (33 × $90)	2,970
설계 (40 × $85)	3,400
총수익	283,870
차감: 원가	
제품원가	175,000
설치작업자 인건비	25,000
주문변경 (25 × $250)	6,250
반품 (33 × $70)	2,310
설계 (40 × $60)	2,400
총원가	210,960
이익	$72,910

b. 활동기준가격결정방식을 적용하면 고객들의 간접서비스 요청이 줄어들 수 있는 반면, 일부 고객들은 서비스에 대한 요금지불에 대하여 부정적인 반응을 나타내고 회사와의 거래를 중단할 수 있다.

제 9 장

자본예산과 기타 장기 의사결정

Capital Budgeting and Other Long-Run Decisions

주관식 문제 *Questions*

1. 자본지출의사결정은 장기보유자산의 취득에 관한 투자의사결정을 의미한다.

2. 투자활동으로 미래에 수취하게 되는 현금의 가치와 현재 투자활동에 따라 지출한 현금의 가치가 동일하지 않기 때문에 화폐의 시간가치를 고려해야 한다.

3. 화폐의 시간가치를 반영한 투자기법에는 순현재가치법과 내부수익률법이 있다.

4. 순현재가치법NPV에서는 순현재가치가 0보다 크거나 같다면 투자안을 채택한다. 내부수익률법IRR에서는 내부수익률이 요구수익률과 같거나 크다면 투자안을 채택한다.

5. 자본비용은 회사에 자본을 제공하면서 부담하는 위험에 대하여 주주들이 요구하는 수익을 의미한다.

6. 감가상각비는 과세소득을 감소시키며, 결과적으로 감가상각비에 세율을 곱한 금액만큼 납부해야 할 세금이 줄어들기 때문에 현금유입을 증가시키게 된다.

7. 순현재가치법과 내부수익률법은 화폐의 시간가치뿐만 아니라 투자의사결정이 영향을 미치는 전체 기간의 총현금흐름을 고려한다. 반면, 회수기간법은 총현금흐름을 고려하지 않으며, 회계이익률법은 화폐의 시간가치를 고려하지 않는다.

8. 경영자들은 자신의 성과가 당기이익을 기준으로 평가되고 보상을 받기 때문에 단기수익성에 집중하는 경향이 있다.

9. 현금흐름의 크기가 기간별로 동일하지 않을 경우 내부수익률법은 시행착오법에 의해 내부수익률을 계산한다. 경영자들이 내부수익률을 추정하고 순현재가치를 계산한다. 만약 순현재가치가 0보다 크다면, 추정한 내부수익률을 증가시키고, 순현재가치가 0보다 작다면 추정한 내부수익률을 감소시킨다.

10. 많은 경우에 투자의 효익을 정량화하기 어렵지만, 만약 정량화할 수 없는 비금전적 혜택을 무시한다면 현금유입액을 고려하지 않는 것과 같기 때문에 투자안을 기각하는 오류를 범할 수 있다.

연습문제 Exercises

▶연습문제 9-1. [학습목표 1]

이자비용은 자본비용에 이미 포함되어 있기 때문에 별도의 현금유출에 포함시키지 않는다.

▶연습문제 9-2. [학습목표 1, 3]

순현재가치의 계산

기간	현금흐름	PV요소(10%)	현재가치(금액)
0	($40,000,000)	1.0000	($40,000,000)
1-8	7,500,000	5.3349	40,011,750
		NPV	$11,750

투자수익률의 산출

기간	수익증대효과	기말장부가치	투자수익률
1	$2,500,000	$35,000,000	7.14%
2	2,500,000	30,000,000	8.33%
3	2,500,000	25,000,000	10.00%
4	2,500,000	20,000,000	12.50%
5	2,500,000	15,000,000	16.67%
6	2,500,000	10,000,000	25.00%
7	2,500,000	5,000,000	50.00%
8	2,500,000	0	*

*0으로 나누기 때문에 값을 구할 수 없다.

순현재가치가 0보다 크기 때문에 투자안을 채택하여야 한다.

프로젝트의 NPV가 양수이더라도, 샐리가 과도하게 단기성과에 집중한다면, 프로젝트에 대한 투자를 꺼릴 수 있다. 왜냐하면 1차년도의 ROI가 비교적 낮기 대문이다. 하지만 감가상각비 때문에 기말 장부가치가 감소하므로 ROI가 급격하게 증가하는 것을 확인할 수 있다.

▶ **연습문제 9-3. [학습목표 1]**

현금흐름	현가요소(11%)	합계
$850	4.2305	$3,595.93

▶ **연습문제 9-4. [학습목표 1]**

행의 왼쪽에서 오른쪽으로 갈수록 숫자가 줄어드는 이유는 요구수익률이 높을수록 미래에 수취하게 되는 현금의 가치가 감소하기 때문이다.

열의 아래쪽으로 이동할수록 현금수취시점이 미래로 이동하기 때문에 현재시점보다 화폐가치가 감소하기 때문에 숫자의 크기가 줄어든다.

▶ **연습문제 9-5. [학습목표 1]**

구분	현금흐름	15% 현가계수	현재가치	
매년 수령	$1,200	4.1604	$4,992.48	7년간
만기 수령액	950	0.3759	357.11	
		NPV	$5,349.59	

▶ **연습문제 9-6. [학습목표 1]**

구분	현금흐름	8% 현가계수	현재가치	
A안(즉시 수령)	$350,000	1.0000	$350,000	
B안(분할수령)	40,000	5.7466	229,864	8년간
	200,000	0.5403	108,060	
			$337,924	
C안(연금으로 수령)	35,000	5.7466	$201,131	8년간

A안의 현재가치가 가장 높은 것으로 나타난다.

(참고: B안의 연금수령액과 C안의 연금수령액을 비교하면 출제의 오류가 있는 듯)

▶ **연습문제 9-7. [학습목표 1]**

구분	현금흐름	12% 현가계수	현재가치
초기 투자액	($85,000)	1.0000	($85,000)
투자이익	35,000	3.6048	126,168
		NPV	$41,168

순현재가치가 0보다 크기 때문에 투자를 진행한다.

▶**연습문제 9-8. [학습목표 1]**

내부수익률이 13.8%로 요구수익률 18%보다 낮기 때문에 투자를 착수해서는 안된다.

초기투자액	$200,000
연간 운영비절감액	35,000
초기투자액 ÷ 연간운영비 절감액 = 연금의 현가요소	5.7143
내부수익률	13.80%

▶**연습문제 9-9. [학습목표 1]**

a. 초기투자액	$195,000
연간 운영비절감액	55,000
초기투자액 ÷ 연간운영비 절감액 = 연금의 현가요소	3.5455
내부수익률	12.70%

b. 내부수익률이 12.7%로 요구수익률 10%보다 높기 때문에 투자를 진행한다.

▶**연습문제 9-10. [학습목표 2]**

연간 감가상각비 ($90,000 ÷ 5 년)	$18,000
연간 세금절감액 ($18,000 × 0.20)	$ 3,600
감가상각비 감세효과 $3,600 × 3.3522 (5년 15%의 현가요소)	$12,068

▶**연습문제 9-11. [학습목표 2]**

기간	이익(손실)	이월결손금	감세효과	현가요소	현재가치
1	($350,000)				
2	(270,000)				
3	400,000	(350,000)	$70,000	0.6750	$47,250
		(50,000)	10,000	0.6750	6,750
4	650,000	(220,000)	44,000	0.5921	26,052
	감세효과의 현재가치				$80,052

1차년도의 손실 $350,000는 3차년도의 이익에 의해 상쇄되며, 3차연도의 감세효과는 $70,000 (=$350,000 × 세율 20%)이다.

2차년도의 손실 $270,000은 3차년도에 $50,000, 4차년도에 $220,000 상쇄되며, 3차년도의 감세효과 $10,000, 4차년도의 감세효과는 $44,000이다.

▶연습문제 9-12. [학습목표 1, 2]

연간 현금유입액은 $17,200이며 산출근거는 다음과 같다:

수익	$34,000
차감:	
감가상각비 이외의 원가	12,000
감가상각비($60,000 ÷ 6)	10,000
세전이익	12,000
차감: 법인세(20%)	2,400
순이익	9,600
가산: 감가상각비	10,000
현금흐름	$19,600

순현재가치가 0보다 크기 때문에 훈연기를 구입해야 한다.

항목	현금흐름	현가계수	현재가치
현금흐름	$19,600	3.8887	$76,219
최초투자	(60,000)	1.0000	(60,000)
		순현재가치	$16,219

▶연습문제 9-13. [학습목표 3]

회수기간은 6년이며 산출근거는 다음과 같다:

원가	$126,000
현금유입액	21,000
원가 ÷ 현금유입액 = 회수기간	6년

▶연습문제 9-14. [학습목표 3]

회계이익률은 18%이며 산출근거는 다음과 같다:

평균이익	$32,000
평균투자액 ($355,000 ÷ 2)	177,500
평균이익 ÷ 평균투자액 = 회계이익	18%

▶연습문제 9-15. [학습목표 3]

NPV가 0에 근접할 때 할인율은 11%이므로, IRR은 약 11%이다. 요구수익률인 14%보다 낮기 때문에 전자상거래분야의 투자를 기각한다.

	할인율	11%	
기간	현금흐름	현가요소	합계
0	($1,300,000)	1.0000	($1,300,000)
1	(750,000)	0.9009	(675,675)
2	221,000	0.8116	179,364
3	850,000	0.7312	621,520
4	950,000	0.6587	625,765
5	940,000	0.5935	557,890
		NPV	$8,864

▶연습문제 9-16. [학습목표 3]

하단의 표에 제시된 바와 같이 NPV가 거의 0에 근접할 때 요구수익률이 약 8%이므로 IRR도 8%이다.

	할인율	8.00%	
기간	현금흐름	현가요소	합계
0	($2,500,000)	1.0000	($2,500,000)
1	250,000	0.9259	231,475
2	440,000	0.8573	377,212
3	650,000	0.7938	515,970
4	850,000	0.7350	624,750
5	1,102,765	0.6806	750,542
		NPV	($51)

▶연습문제 9-17. [학습목표 3]

온라인 사업에 진출하게 되면 기존의 기업 이미지를 개선하는데 도움이 될 수 있다. 또한 온라인의 수 많은 소매거래를 창출할 수 있는 기회를 가질 수도 있다. 예를 들어, $15,000의 다이아몬드 반지를 구입할 계획인 고객들은 웹사이트에서 가격과 품질을 비교하지만 실제로 인터넷에서 반지를 구매하지는 않는다. 이들 고객들은 웹사이트에서 제품과 가격 등을 조사한 후, 근처에 있는 오프라인 매장을 방문하여 구매할 수 있기 때문에 이러한 잠재적인 효익을 계량화하기는 어렵다.

▶고급연습문제 9-1. [학습목표 1, 2]

최초 제안의 현재가치는 $15,880,500이며, 두 번째 제안의 현재가치는 $13,184,230이다. 화폐의 시간가치를 고려하게 되면 최초 제안이 두 번째 제안보다 가치가 크다.

기간	현금흐름	현가요소(15%)	합계
계약시점	$7,500,000	1.0000	$7,500,000
1~5차년도	2,500,000	3.3522	8,380,500
			$15,880,500

기간	현금흐름	현가요소(15%)	합계
1	2,500,000	0.8696	$2,174,000
2	2,600,000	0.7561	1,965,860
3	2,700,000	0.6575	1,775,250
4	2,800,000	0.5718	1,601,040
5	2,900,000	0.4972	1,441,880
6	8,500,000	0.4972	4,226,200
			$13,184,230

▶고급연습문제 9-2. [학습목표 2]

	현금흐름	현가요소(14%)	현재가치
새 냉장고 가격	($25,000)	1.0000	($25,000)
연간 추가이익 ($9,000 − $5,000)	4,000	5.2161	20,864
연간 전기요금 절감액	2,500	5.2161	13,040
연간 추가 운영비	(4,000)	5.2161	(20,864)
잔존가치	6,000	0.2697	1,618
순현재가치			($10,342)

순현재가치가 0보다 작기 때문에 새 냉장고를 구입하지 않는다.

▶ **고급연습문제 9-3. [학습목표 2]**

기계A	현금흐름	현가요소(13%)	현재가치
기계구입가	($70,000)	1.0000	($70,000)
연간비용절감액	20,000	3.9975	79,950
순현재가치			$9,950

기계B	현금흐름	현가요소(13%)	현재가치
기계구입가	($95,000)	1.0000	($95,000)
연간비용절감액	25,000	3.9975	99,938
순현재가치			$4,938

기계A의 순현재가치가 기계B보다 크기 때문에 기계A를 구입해야 한다.

▶ **고급연습문제 9-4. [학습목표 2]**

a. • 요구수익률이 12%인 경우

카리브해/알래스카 항로의 현재가치: $1,151,042,100 (=$169,000,000 × 6.8109)

카리브해/캐나다 동부해안 항로의 현재가치: $1,055,689,500 (=$155,000,000 × 6.8109)

• 요구수익률이 16%인 경우

카리브해/알래스카 항로의 현재가치: $942,259,500 (=$169,000,000 × 5.5755)

카리브해/캐나다 동부해안 항로의 현재가치: $864,202,500 (=$155,000,000 × 5.5755)

크루즈선의 가격이 $600,000,000이며 모든 투자가정에서 NPV는 0보다 크기 때문에 크루즈선을 구입해야 한다.

b. NPV가 12%와 16% 요구수익률 모두에서 0보다 크기 때문이다.

c. 요구수익률이 12%인 경우 현재가치의 차이는 $95,352,600 (=$1,151,042,100 − $1,055,689,500)이다. 따라서 캐러비안/캐나다 동부해안으로 항로를 결정할 경우 높은 기회 원가가 존재한다.

▶고급연습문제 9-5. [학습목표 2, 4]

	최초투자	1차연도	2차연도	3차연도	4차연도
수익		$16,500,000	$10,000,000	$2,500,000	$1,000,000
상각액 차감		12,000,000	8,000,000	0	0
세전이익		4,500,000	2,000,000	2,500,000	1,000,000
법인세 차감		900,000	400,000	500,000	200,000
순이익		3,600,000	1,600,000	2,000,000	800,000
상각액 가산		12,000,000	8,000,000	0	0
현금흐름	($20,000,000)	$15,600,000	$9,600,000	$2,000,000	$800,000
현가요소	1.0000	0.8929	0.7972	0.7118	0.6355
현재가치	($20,000,000)	$13,929,240	$7,653,120	$1,423,600	$508,400
순현재가치					$3,514,440

순현재가치가 $3,514,440로 양수이기 때문에 영화프로젝트에 투자를 하여야 한다.

▶고급연습문제 9-6. [학습목표 3]

수익 ($22,000 × 5)	$110,000
차감: 감가상각비 이외의 비용($2,000 × 5)	10,000
감가상각비 ($350,000 ÷ 6)	58,333
세전이익	41,667
차감: 법인세(20%)	8,333
순이익	33,334
가산: 감가상각비	58,333
현금흐름	$91,667

연금현가요소는 재건축비용을 연간 현금흐름으로 나누어서 구한다: ($350,000 ÷ $91,667) = 3.8182

연금의 현가요소를 이용하여 내부수익률을 구하게 되면 약 15%이며, 요구수익률 12%보다 내부수익률이 높기 때문에 재건축계획을 시행한다.

▶고급연습문제 9-7. [학습목표 1, 2, 3]

a. 순현재가치가 $804,663이므로 판매장에 페인트와 차체부분을 추가하는 투자를 시행한다.

순이익	$204,000
가산: 감가상각비 ($800,000 ÷ 10)	80,000
연간현금흐름	$284,000

현금흐름	현가요소(12%)	현재가치
$284,000	5.6502	$1,604,657
(800,000)	1.0000	(800,000)
		$804,657

b. 연금의 현재가치가 2.8169이므로 내부수익률이 30%보다 크다.

최초 투자액	$ 800,000
연간 현금유입액(순이익+감가상각비)	284,000
원가 ÷ 연금 = 현금의 현가요소	2.8169

주)할인율이30%일 때 연금의 현재가치는 3.0915이므로 IRR은 30%보다 크다

c. 회수기간은 약 2.8년이다.

최초 투자액	$ 800,000
연간 현금유입액(순이익+감가상각비)	284,000
원가 ÷ 연금 = 최초투자액의 회수기간	2.8169

d. 회계이익률은 51%이다.

평균 순이익	$204,000
평균 투자액($800,000 ÷2)	400,000
평균 순이익 ÷ 평균투자액	51%

▶ **고급연습문제 9-8. [학습목표 1]**

a. 기계A의 현재가치

연간 절감액:	현금흐름	현가요소(14%)	현재가치
인건비절감	$25,000		
전기료절감	1,500		
재료원가절감	3,000		
추가유지비용	(1,200)		
추가기타비용	(2,500)		
합계	25,800	2.9137	$75,173
원가	(30,000)	1.0000	(30,000)
설치비	(6,500)	1.0000	(6,500)
잔존가치	4,000	0.5921	2,368
		순현재가치	$41,041

b. 기계B의 현재가치

연간 절감액:	현금흐름	현가요소(14%)	현재가치
인건비절감	$32,000		
전기료절감	2,000		
재료원가절감	3,500		
추가유지비용	(1,500)		
추가기타비용	(2,700)		
합계	33,000	2.9137	$97,026
원가	(55,000)	1.0000	(55,000)
설치비	(7,000)	1.0000	(7,000)
잔존가치	6,000	0.5921	3,553
		순현재가치	$38,579

c. 두 기계 모두 순현재가치가 0보다 크게 계산되었기 때문에 모두 투자가 가능하지만 기계A의 순현재가치가 기계B보다 크기 때문에 기계A를 구입해야 한다.

▶고급연습문제 9-9. [학습목표 1,2]

드레이크 리무진 버스는 순현재가치가 0보다 크기 때문에 새로운 리무진을 구입하여야 한다.

구분 :	현금흐름	현가요소(14%)	현재가치
순이익	$25,320		
감가상각비 가산	23,000		
연간 현금흐름	$48,320	3.4331	$165,887
잔존가치	45,000	0.5194	23,373
취득원가	(160,000)	1.000	(160,000)
		순현재가치	$29,260

▶고급연습문제 9-10. [학습목표 1,2]

항목		현금흐름	현가계수	현재가치
취득원가		($950,000)	1.0000	($950,000)
수익	$325,000			
차감: 노무원가	90,000			
연료비	16,000			
유지비용	15,000			
기타비용	4,000			
감가상각비	128,571			
법인세전 이익	71,429			
법인세	14,286			
순이익	57,143			
가산: 감가상각비	128,571			
연간현금흐름		185,714	4.8684	904,130
잔존가치		50,000	0.5132	25,660
			NPV	($20,210)

순현재가치가 0보다 작기 때문에 투자를 기각한다.

▶고급연습문제 9-11. [학습목표 1]

비금전적 혜택의 가치 = 필요한 현재가치 / 할인율 = $600,000 / 5.7590 = $104,185

금전적 혜택의 연간가치가 $104,185이상인 경우 투자안의 순현재가치가 0이거나 양수가 될 수 있다.

따라서 비금전적 혜택의 연간가치 $120,000 이 발생한다면 투자안은 시행되어야 한다.

▶고급연습문제 9-12. [학습목표 1, 3]

a. 순현재가치

항목		현금흐름	현가계수	현재가치
취득원가		($500,000)	1.0000	($500,000)
수익	$1,350,000			
차감: 부품원가	370,000			
직접노무원가	425,000			
감가상각비	80,833			
기타비용	200,000			
광고비	150,000			
법인세전 이익	124,167			
법인세(20%)	24,833			
순이익	99,334			
가산: 감가상각비	80,833			
연간현금흐름		180,167	3.7845	681,842
잔존가치		15,000	0.4323	6,485
			NPV	$188,327

b. 회수기간은 약 2.78년이다.

최초 투자액	$ 500,000
연간 현금유입액(순이익 + 감가상각비)	÷180,167
원가 ÷ 연간 현금유입액 = 최초투자액의 회수기간	2.78년

c. 회계적 이익률은 39.7%이다.

평균 순이익	$ 99,334
평균 투자액($500,000 ÷ 2)	÷250,000
평균 순이익 ÷ 평균투자액	39.7%

d. 디지다이얼 생산에 투자한다. 그 이유는 순현재가치가 0보다 클 뿐만 아니라 회수기간과 회계적이익률이 회사의 요구수익률보다 높기 때문이다.

▶ **고급연습문제 9-13. [학습목표 1]**

항목	순이익	감가상각비	현금흐름	현가계수	현재가치
최초투자	0	0	($500,000)	1.0000	($500,000)
1차연도	$117,334	60,000	177,334	0.8772	155,557
2차연도	198,666	60,000	258,666	0.7695	199,043
3차연도	316,266	60,000	376,266	0.6750	253,980
4차연도	462,160	60,000	522,160	0.5921	309,171
5차연도	581,842	60,000	641,842	0.5194	333,373
6차연도	732,960	60,000	792,960	0.4556	361,273
7차연도	869,323	60,000	929,323	0.3996	371,357
잔존가치	0		80,000	0.3996	31,968
				NPV	$1,515,722

순현재가치가 $1,515,722이므로 새로운 비즈니스에 투자를 하여야 한다.

▶ **고급연습문제 9-14. [학습목표 1, 2]**

a. 자본비용은 예상인플레이션에 대한 부분이 포함되어 있기 때문에 인플레이션이 높게 예상되는 경우 자본비용은 커지게 된다. 따라서 기업은 투자안에 대한 높은 수익률을 요구하게 된다.

b. 현금흐름이 매년 4% 증가 (감가상각비 감세효과와 관련된 현금흐름과 별도) 하는 것에 유의.

항목	1차연도	2차연도	3차연도	4차연도	5차연도
원가절감	$710,000	738,400	767,936	798,653	830,600
추가세금	(142,000)	(147,680)	(153,587)	(159,731)	(166,120)
감가상각비 감세	92,000	92,000	92,000	92,000	92,000
현금흐름	660,000	682,720	706,349	730,922	756,479
현가요소(10%)	0.9091	0.8264	0.7513	0.6830	0.6209
현재가치	600,006	564,200	530,680	499,220	469,698
현재가치 합계					2,663,804
최초투자					(2,300,000)
				NPV	$363,804

순현재가치가 양수이므로 새로운 생산설비에 투자를 하여야 한다.

▶고급연습문제 9-15. [학습목표 1]

14번 문제에서 요구수익률이 10%인 경우 순현재가치는 $363,804이었다. 따라서 내부수익률이 최소 10%보다 크거나 같을 때 투자가 진행되어야 한다는 것을 의미한다. 아래에 제시되어 있는 할인율이 14%일 때의 순현재가치는 기계원가에 거의 근접하기 때문에 내부수익률은 15% 정도로 추정할 수 있다. 즉 요구수익률보다 내부수익률이 크기 때문에 투자를 진행해야 한다.

항목	1차연도	2차연도	3차연도	4차연도	5차연도
현금흐름	$660,000	682,720	706,349	730,922	756,479
현가요소(14%)	0.8772	0.7695	0.6750	0.5921	0.5194
현재가치	$578,952	525,353	476,786	432,779	392,915
현재가치 합계					2,406,785
최초투자					(2,300,000)
				NPV	$106,785

▶고급연습문제 9-16. [학습목표 3]

a. 델마 리차드가 투자이익률인 ROI를 기준으로 성과가 평가되고 보상을 받는다면, 이익에 지나치게 집중하게 될 것이다. 따라서 단기적으로 이익에 부정적인 영향을 미치지만 장기적으로 주주가치를 증가시키는 투자안들이 무시될 수 있다.

b. 문제에서 제시된 상황이라면 a.에서 발생할 수 있는 문제들을 완화시킬 수 있다. 만약 리차드가 많은 양의 스톡옵션을 가지고 있다면, 회사의 주가를 상승시키고자 하는 강한 유인을 가지고 있을 것이다.

▶ **고급연습문제 9-17. [학습목표 1]**

항목	1차연도	2차연도	3차연도	4차연도	5차연도
매출액	$65,000	$66,300	$78,230	$88,000	$95,238
원재료	(25,100)	(27,600)	(30,392)	(33,441)	(36,695)
급여	(24,900)	(26,900)	(28,900)	(30,900)	(32,800)
추가 비용	(2,100)	(2,300)	(2,500)	(2,700)	(2,800)
감가상각비	(9,000)	(9,000)	(9,000)	(9,000)	(9,000)
세전이익	3,900	500	7,438	11,959	13,943
법인세	780	100	1,488	2,392	2,789
순이익	3,120	400	5,950	9,567	11,154
감가상각비 가산	9,000	9,000	9,000	9,000	9,000
잔여가치					5,000
현금흐름	12,120	9,400	14,950	18,567	25,154
현가요소(12%)	0.8929	0.7972	0.7118	0.6355	0.5674
현재가치	$10,822	$7,494	10,642	11,799	14,273
현재가치 합계					55,030
최초투자					(50,000)
				NPV	$5,030

할인율이 12%일 때, 순현재가치는 0보다 크다. 따라서 내부수익률은 12%보다 크다. 엑셀을 이용해서 정확한 IRR을 구하면 15.44%로 계산된다. 요구수익률이 10%이므로 팔레모사는 배달서비스에 투자를 하여야 한다.

제 10 장

예산 계획과 통제

Budgetary Planning and Control

주관식 문제 *Questions*

1. 예산이 계획단계에서 유용한 이유는 예산을 수립하는 과정에서 조직구성원간의 소통이 원활해지 고 이견이 조정되기 때문이며, 경영자가 예산목표와 예산목표를 달성하기 위한 방법들을 신중 하게 고려하도록 하기 때문이다.

2. 예산이 통제단계에서 유용한 이유는 성과평가기준의 역할을 수행하기 때문이다.

3. 하향식 예산편성은 하위 경영진과 상의 없이 최고경영진에 의해 준비되는 방법이며, 상향식 예산편성은 일선의 경영자가 제공하는 주된 정보에 기초하여 예산을 작성하는 방법이다.

4. 영기준예산이란 차기의 예산을 편성할 때 수익과 비용의 모든 항목을 새롭게 추정하여 예산을 작성하는 방법이다.

5. 스프레드 시트를 이용하면 "what-if"분석을 신속하고 용이하게 수행할 수 있다. 스프레드시트에 가정들을 나타내는 요소들을 한 개의 셀에 입력한 후 변경할 요소들을 셀에서 변경하면 자동으로 결과가 갱신된다.

6. 현금예산은 현금이 부족하거나 여유가 있을 때 현금을 미리 준비하거나 또는 여유현금의 운영방안을 마련하는데 유용하다.

7. 고정예산은 비즈니스 활동을 특정 수준에서 가정하여 작성한 예산이며, 변동예산은 비즈니스 활동의 수준을 다양하게 고려하여 작성한 예산이다.

8. 생산공정에서 불량품의 발생으로 인한 영향을 측정할 수 있는 재무적 측정지표로는 작업폐물, 재작업, 보증수선, 반품과 관련된 원가를 들 수 있다.

9. 예산이 없는 경우, 특정 기간의 성과평가는 이전 기간의 성과와 비교해서 긍정적이거나 부정적인 경향이 있는지 평가해야 한다.

10. 경영자들이 예산설정환경에 대한 진실된 정보와 추정치를 제공하는 경우 예산의 효과는 강화된다. 그러나, 경영자의 성과가 예산과 비교하여 평가된다면, 경영자들은 예산목표를 좀 더 용이하게 달성하기 위하여 편향적인 정보를 제공할 수 있다. 이러한 점이 계획단계와 통제단계에서 예산을 사용할 때 발생할 수 있는 문제들이다.

연습문제 Exercises

▶ 연습문제 10-1. [학습목표 3]

이익이 보상범위를 초과해서 달성될 것을 알게 되면, 경영자들은 이익을 이월시켜 차기의 예산기준 성과를 증가시키고자 시도할 수 있다. 이와 반대로 당기의 이익이 보상범위 미만인 경우, 차기의 이익을 미리 보고하려고 시도할 수 있다.

▶ 연습문제 10-2. [학습목표 3]

예산슬랙은 수익추정치를 감소시키거나 비용추정치를 증가하는 것을 의미하며, 경영자들은 성과달성성과급과 변동성과급을 최대한 받고자 하는 경우 예산슬랙을 만들게 된다.

▶ 연습문제 10-3. [학습목표 1]

b,d,a,c(판매예산, 생산예산, 재료구매예산, 예산 손익계산서)

▶ 연습문제 10-4. [학습목표 2]

판매 예산

2021년 1월 1일부터 2021년 12월 31일까지

㈜안전	1분기	2분기	3분기	4분기	합계
판매수량 - 2020년	23,000	28,000	27,000	32,000	110,000
예상 판매수량(전년대비 120%)	27,600	33,600	32,400	38,400	132,000
단위당 판매가격	× $25	× $25	× $25	× $25	× $25
예상 매출액	$690,000	$840,000	$810,000	$960,000	$3,300,000

▶ 연습문제 10-5. [학습목표 2]

판매 예산

2021년 1월 1일부터 2021년 12월 31일까지

오레곤 어드벤처	1분기	2분기	3분기	4분기	합계
판매수량 - 2020년	6,000	7,000	10,000	9,000	32,000
예상 판매수량(전년대비 135%)	8,100	9,450	13,500	12,150	43,200
단위당 판매가격	× $75	× $75	× $75	× $75	× $75
예상 매출액	$607,500	$708,750	$1,012,500	$911,250	$3,240,000

▶연습문제 10-6. [학습목표 2]

생산 예산

2021년 1월 1일부터 2021년 3월 31일까지

㈜비타펍	1월	2 월	3 월	합계
판매수량	13,000	14,900	19,400	47,300
기말재고(다음달 판매량의 15%)	2,235	2,910	3,300	3,300
총 수량	15,235	17,810	22,700	50,600
기초재고	1,300	2,235	2,910	1,300
생산수량	13,935	15,575	19,790	49,300

▶연습문제 10-7. [학습목표 2]

직접재료구매 예산

2020년 1월 1일부터 2020년 3월 31일까지

로엘러산업	1분기	2분기	3분기	4분기	합계
생산량	45,000	41,000	49,000	38,000	173,000
단위당 재료원가	× $42	× $42	× $42	× $42	× $42
재료원가	1,890,000	1,722,000	2,058,000	1,596,000	7,266,000
기말재료재고(다음분기 15%)	258,300	308,700	239,400	296,100	296,100
재료원가 합계	2,148,300	2,030,700	2,297,400	1,892,100	7,562,100
기초재료재고	283,500	258,300	308,700	239,400	283,500
원재료 구매원가	$1,864,800	$1,772,400	$1,988,700	$1,652,700	$7,278,600

▶연습문제 10-8. [학습목표 2]

직접노무원가 예산

2020년 1월 1일부터 2020년 3월 31일까지

로엘러산업	1분기	2분기	3분기	4분기	합계
단위당 작업시간	3	3	3	3	3
시간당 임률	× $20	× $20	× $20	× $20	× $20
단위당 노무원가	$60	$60	$60	$60	$60
생산량	× 45,000	× 41,000	× 49,000	× 38,000	× 173,000
노무원가	$2,700,000	$2,460,000	$2,940,000	$2,280,000	$10,380,000
필요 작업시간	135,000	123,000	147,000	114,000	(노무원가 ÷ 시간당임율
분기당 평균작업시간	÷ 470	÷ 470	÷ 470	÷ 470	
필요 작업자 수	288	262	313	243	

▶ 연습문제 10-9. [학습목표 2]

제조간접원가 예산

2020년 1월 1일부터 2020년 3월 31일까지

로엘러산업	1분기	2분기	3분기	4분기	합계
생산량	45,000	41,000	49,000	38,000	173,000
변동원가					
간접재료원가($3.25/개)	$146,250	133,250	159,250	123,500	562,250
간접노무원가($2.20/개)	99,000	90,200	107,800	83,600	380,600
수도광열비($0.50/개)	22,500	20,500	24,500	19,000	86,500
변동원가 합계	267,750	243,950	291,550	226,100	1,029,350
고정원가					
감독자급여	70,000	70,000	70,000	70,000	280,000
공장 감가상각비	37,000	37,000	37,000	37,000	148,000
기타	6,000	6,000	6,000	6,000	24,000
고정원가 합계	113,000	113,000	113,000	113,000	452,000
간접원가 합계	$380,750	$356,950	$404,550	$339,100	$1,481,350

▶ 연습문제 10-10. [학습목표 2]

현금수입 예산

2021년 1분기

워런버그 엔틱몰	2020/12	1월	2 월	3 월
외상매출액	$200,000	$160,000	$170,000	$182,000
전년 12월 외상매출금 회수액(30%)		$60,000		
1월 외상매출금 회수액(70%)		112,000		
1월 외상매출금 회수액(30%)			$48,000	
2월 외상매출금 회수액(70%)			119,000	
2월 외상매출금 회수액(30%)				$51,000
3월 외상매출금 회수액(70%)				127,400
합계		$172,000	$167,000	$178,400

▶연습문제 10-11. [학습목표 2]

현금지출 예산

2021년 1분기

워런버그 엔틱몰	2020/12	1월	2 월	3 월
외상매입액	$92,000	$95,000	$120,000	$85,000
전년 12월 외상매입금 지출액(50%)		$46,000		
1월 외상매입금 지출액(50%)		47,500		
1월 외상매입금 지출액(50%)			$47,500	
2월 외상매입금 지출액(50%)			60,000	
2월 외상매입금 지출액(50%)				$60,000
3월 외상매입금 지출액(50%)				42,500
합계		$93,500	$107,500	$102,500

▶연습문제 10-12. [학습목표 2]

현금지출 예산

2021년 1분기

미시시피	2월	3월	4월	5 월	6 월
외상매출액	$90,000	$100,000	$80,000	$90,000	$113,000
2월 외상매출금 회수액(10%)			$9,000		
3월 외상매출금 회수액(20%)			20,000		
4월 외상매출금 회수액(70%)			56,000		
3월 외상매출금 회수액(10%)				$10,000	
4월 외상매출금 회수액(20%)				16,000	
5월 외상매출금 회수액(70%)				63,000	
4월 외상매출금 회수액(10%)					$8,000
5월 외상매출금 회수액(20%)					18,000
6월 외상매출금 회수액(70%)					79,100
합계			$85,000	$89,000	$105,100

▶ **연습문제 10-13. [학습목표 2]**

현금지출 예산

2021년 1분기

미시시피	3월	4월	5 월	6 월
외상매입액	$55,000	$60,000	$70,000	$95,000
3월 외상매입금 지출액(30%)		$16,500		
4월 외상매입금 지출액(70%)		42,000		
4월 외상매입금 지출액(30%)			$18,000	
5월 외상매입금 지출액(70%)			49,000	
5월 외상매입금 지출액(30%)				$21,000
6월 외상매입금 지출액(70%)				66,500
합계		$58,500	$67,000	$87,500

▶ **연습문제 10-14. [학습목표 3]**

단위당 변동원가 = $8.00 + 3.50 + 1.80 = $13.30

월 고정원가 = $17,000 + 10,500 + 3,100 = $30,600

생산수량	12,000	15,000	17,000
단위당 변동원가	$13.30	$13.30	$13.30
변동원가	$159,600	199,500	226,100
고정원가/월	30,600	30,600	30,600
제조원가	$190,200	$230,100	$256,700

▶ **연습문제 10-15. [학습목표 3]**

	변동예산(a)	실제결과(b)	차이(a-b)
수량	13,000	13,000	0
변동원가			
직접재료원가($8.00)	$104,000	$102,500	$1,500
직접노무원가($3.50)	45,500	50,000	(4,500)
변동제조간접원가($1.80)	23,400	23,000	400
변동원가 합계	172,900	175,500	(2,600)
고정원가			
감독자급여	17,000	17,750	(750)
감가상각비	10,500	9,500	1,000
기타 고정원가	3,100	3,400	(300)
고정원가 합계	30,600	30,650	(50)
제조원가 합계	$203,500	$206,150	($2,650)

▶ **연습문제 10-16. [학습목표 3]**

	변동예산(a)	실제결과(b)	차이(a-b)
매출액	$660,000	$660,000	0
변동원가			
직접재료원가	120,000	130,000	(10,000)
직접노무원가	264,000	285,000	(21,000)
변동원가 합계	384,000	415,000	(31,000)
고정원가			
대표자 급여	65,000	65,750	(750)
임차료	55,000	55,000	0
감가상각비	45,000	45,200	(200)
수도광열비	22,000	21,000	1,000
고정원가 합계	187,000	186,950	50
법인세 차감전 이익	$89,000	$58,050	($30,950)

플로렌스는 재료원가와 노무원가를 중점적으로 검토하여야 한다. 변동예산에 비해 직접재료원가는 $10,000(8.33%), 직접노무원가는 $21,000(7.95%)이 증가하였기 때문이다.

▶ **연습문제 10-17. [학습목표 3]**

월터는 예산작성 시 수익의 과소계상과 비용의 과대계상으로 인한 유인을 가지고 있다. 예산수치를 왜곡해서 보고하게 되면 예산목표의 달성이 용이해지고 따라서 보너스를 받을 수 있기 때문이다.

▶고급연습문제 10-1. [학습목표 2]

a. 예산손익계산서

예산 손익계산서

2021년 3월 31일 결산일 기준

㈜프레스톤공업

매출액		$616,000	이전 분기의 112%
차감: 변동매출원가		369,600	이전 분기의 112%
공헌이익		246,400	
차감:고정제조원가	$123,330		$9,000 + 1.03 ($120,000 − $9,000)
차감:고정판매비와관리비	55,960	179,290	$7,000 + 1.02 ($55,000 − $7,000)
세전이익		67,110	
차감:법인세		13,422	세전이익의 20%
순이익		$53,688	

b. 현금예산

현금예산

2021년 3월 31일 결산일 기준

㈜프레스톤공업

현금유입액		
외상매출금 회수액(0.4 × $550,000 + 0.6 × $616,000)		$589,600
현금지출액:		
재료구매대금(0.4 × $330,000 × 0.5) + (0.4 × $369,600 × 0.5)	$139,920	
직접노무원가(0.4 × $369,600)	147,840	
변동제조간접원가(0.2 × $369,600)	73,920	
고정제조원가($123,330 − 9,000)	114,330	
고정판매미와 관리비 ($55,960 − 7,000)	48,960	
법인세 비용	13,422	(538,392)
분기중 현금의 증가		51,208
기초 현금잔액		160,000
기말 현금잔액		$211,208

c. 예산재무상태표

예산 재무상태표

2021년 3월 31일 현재

㈜프레스톤공업

자산:		
현금	$211,208	
외상매출금	246,400	($616,000 × 40%)
재고자산	385,000	
유형자산	440,000	
감가상각누계액	(126,000)	($110,000 + 9,000 + 7,000)
자산 합계	$1,156,608	
부채와 자본		
외상매입금	$ 73,920	($369,600 × 40% × 50%)
자본금	540,000	
이익잉여금	542,688	($489,000 + 53,688)
부채와 자본 합계	$1,156,608	

▶ 고급연습문제 10-2. [학습목표 2]

a. 예산손익계산서

예산손익계산서

2021년 3월 31일 결산일 기준

가렛버그스프레이

매출액		$535,000	($500,000 × 1.07)
차감: 변동매출원가		299,600	($280,000 × 1.07)
공헌이익		235,400	
차감:고정제조원가	$91,275		$5,000 + 1.015 ($90,000 − 5,000)
차감: 고정판매비와관리비	51,410	142,685	$3,000 + 1.03 ($50,000 − 3,000)
세전이익		92,715	
차감:법인세		18,543	세전이익의 20%
순이익		$74,172	

b. 현금예산

현금예산

2021년 3월 31일 결산일 기준

가렛버그스프레이			
현금유입액			
외상매출금 회수액			
2020년 4분기	$250,000		($500,000 × 50%)
2021년 1분기	267,500	$517,500	($535,000 × 50%)
현금지출액			
원재료구매대금			
2020년 4분기	44,800		($280,000 × 40% × 40%)
2021년 1분기	71,904		($299,600 × 40% × 60%)
직접노무원가	119,840		($299,600 × 40%)
변동제조간접원가	59,920		($299,600 × 20%)
고정제조원가	86,275		($91,275 − 5,000)
고정판매비와 관리비	48,410		($51,410 − 3,000)
법인세비용	18,543	449,692	
현금 증가분		67,808	
기초 현금잔액		30,000	
기말 현금잔액		$97,808	

c. 예산재무상태표

예산 재무상태표

2021년 3월 31일 현재

가렛버그스프레이		
자산		
현금	$97,808	
외상매출금($535,000 × 50%)	267,500	
유형자산	130,000	
감가상각누계액($80,000 + 5,000 + 3,000)	(88,000)	$407,308
부채와 자본		
외상매입금	$47,936	
자본금	110,200	
이익잉여금	249,172	$407,308

▶고급연습문제 10-3. [학습목표 2]

a. 현금예산

현금예산
2021년 1월 31일

가렛버그스프레이

현금유입액			
수업료수입			
2020년 12월	40,000		($80,000 × 50%)
2021년 1월	55,000	95,000	($110,000 × 50%)
현금지출액			
급여	60,000		
임차료	4,000		
수도광열비	2,000		
기타비용	800		
컴퓨터 구매대금	40,000		
이자비용	750		($60,000 × 15%/12)
법인세비용	6,890	114,440	20%
현금 증가(감소)분		(19,440)	
기초 현금잔액		60,000	
기말 현금잔액		$40,560	

b. 예산손익계산서

예산손익계산서
2021년 1월 31일 결산일 기준

㈜테크랩

매출액(수업료수익)		$110,000
비용 차감:		
급여	$60,000	
임차료	4,000	
수도광열비	2,000	
기타비용	800	
감가상각비	8,000	
이자비용	750	75,550
세전순이익		34,450
법인세비용		6,890
당기순이익		$27,560

c. 예산재무상태표

예산 재무상태표

2021년 1월 31일 현재

㈜테크랩

자산		
현금	$40,560	
외상매출금($110,000 × 50%)	55,000	
기계장치	170,000	
감가상각누계액	(8,000)	$257,560
부채와 자본		
미지급금	50,000	
지급어음	60,000	
자본금	30,000	
이익잉여금	117,560	$257,560

▶고급연습문제 10-4. [학습목표 2]

a. 예산손익계산서

예산손익계산서

2021년 3월 31일 결산일 기준

슈뢰딩거과학사

매출액	$385,000	전 분기 대비 10% 증가($350,000 × 110%)
매출원가	229,600	전 분기 대비 12% 증가($205,000 × 112%)
매출총이익	155,400	
판매비와 일반관리비	58,000	$8,000 증가(감가상각비 $2,500 포함)
법인세차감전이익	97,400	
법인세비용	19,480	법인세율 20%
당기순이익	$77,920	

b. 현금예산

현금예산

2021년 3월 31일

슈뢰딩거과학사			
현금유입액			
외상매출금 회수			
2020년 4분기분	$87,500		($350,000 × 25%)
2021년 1분기분	288,750	$376,250	($385,000 × 75%)
현금지출액			
재고자산 매입대금			
2020년 4분기분	100,000		($200,000 × 50%)
2021년 1분기분	123,374		($246,749 × 50%)*
판매관리비	55,500		
법인세비용	19,480	298,354	
현금 증가(감소)분		77,896	
기초 현금잔액		40,000	
기말 현금잔액		$117,896	

c. 예산재무상태표

예산재무상태표

2021년 3월 31일 현재

슈뢰딩거과학사		
자산		
현금	$117,896	
외상매출금($385,000 × 25%)	96,250	
재고자산	167,149	
가구및집기비품	47,500	$428,795
부채와 자본		
매입채무	123,375	
자본금	80,000	
이익잉여금	225,420	$428,795

*당기매입대금 = 매출원가 + 기말재고자산 − 기초재고자산

= $229,600 + (257,152 × 65%) − 150,000

= $246,749

d. 1분기의 기말현금잔액은 $117,896이며, 회사의 최소현금보유 희망액은 $30,000이기 때문에 이를 제외하면 $87,896의 현금여유가 있다. 따라서 새 지점을 개설하기 위하여 추가적인 자금을 조달할 필요가 없다.

▶고급연습문제 10-5. [학습목표 2]

a. 예산손익계산서

예산손익계산서

2021년 3월 31일 결산일 기준

월드레스토랑

매출액	$565,000	전 분기 대비 13% 증가($500,000 × 113%)
매출원가	389,850	전 분기 대비 13% 증가($345,000 × 113%)
매출총이익	175,150	
판매비와 일반관리비	72,000	$12,000 증가($감가상각비 $5,000 포함)
법인세차감전이익	103,150	
법인세비용	20,630	법인세율 20%
당기순이익	$82,520	

b. 현금예산

현금예산

2021년 3월 31일

월드레스토랑

현금유입액			
외상매출금 회수			
2020년 4분기분	$100,000		($500,000 × 20%)
2021년 1분기분	452,000	$552,000	($565,000 × 80%)
현금지출액			
재고자산 매입대금			
2020년 4분기분	86,744		($346,975 × 25%)
2021년 1분기분	378,757		($505,009 × 75%)*
판매관리비	67,000		
법인세비용	20,630	(553,131)	
현금 증가(감소)분		(1,131)	
기초 현금잔액		40,000	
기말 현금잔액		$38,869	

c. 예산재무상태표

예산재무상태표

2021년 3월 31일 현재

슈뢰딩거과학사

자산		
현금	$38,869	
외상매출금($565,000 × 20%)	113,000	
재고자산	132,159	
가구및집기비품	55,000	$339,028
부채와 자본		
매입채무($505,009 × 25%)	$126,252	
자본금	25,000	
이익잉여금	187,776	$339,028

*당기매입대금 = 매출원가 + 기말재고자산 − 기초재고자산

= $389,850 + (389,850 × 1.13 × 30%) − 17,000

= $505,009

d. 1분기 현금잔액이 $38,869이므로 회사의 최소희망현금보유액 $15,000을 차감하면 현금잔액은 $23,869에 불과하므로 태국음식부문을 추가하기 위한 자금 $50,000을 위해서는 추가 자금조달이 필요하다.

▶**고급연습문제 10-6. [학습목표 2]**

예산손익계산서의 작성

예산손익계산서
2021년 12월 31일 결산일 기준

모던 헬스케어			
매출액		$3,185,000	(3,250,000 × 98%)
운영비 차감			
급여			
내과의사	$1,300,000		
내과의사 보조	50,000		
간호사	152,000		
간호조무사	68,500		
수납원	50,000		
회계수수료	45,000		
교육훈련비	135,000		
소모품비	318,500		
통신비	3,750		
보험료	275,000		
감가상각비	262,000		
수도광열비	20,790		
기타비용	69,300	2,749,840	
법인세차감전이익		435,160	
법인세비용		87,032	
당기순이익		$348,128	

▶고급연습문제 10-7. [학습목표 2]

예산손익계산서의 작성

예산손익계산서

2021년 12월 31일 결산일 기준

피너클 엔지니어링

매출액		$3,976,000	(3,550,000 × 112%)
운영비 차감			
급여	$2,436,000		
회계수수료	63,000		
교육훈련비	232,000		
소모품비	318,080		
통신비	3,850		
보험료	303,000		
감가상각비	229,000		
수도광열비	38,500		
기타비용	7,810	3,631,240	
법인세차감전이익		344,760	
법인세비용		68,952	
당기순이익		$275,808	

▶고급연습문제 10-8. [학습목표 2]

a. 생산예산의 작성

생산 예산

2021년 1월 1일부터 2021년 12월 31일까지

수퍼클린㈜	1분기	2분기	3분기	4분기	합계
판매수량	57,000	65,000	105,000	42,000	269,000
가산: 기대 기말제품재고	7,800	12,600	5,040	10,000	10,000
필요수량	64,800	77,600	110,040	52,000	279,000
차감: 기초제품재고	7,000	7,800	12,600	5,040	7,000
제품 생산량	57,800	69,800	97,440	46,960	272,000

b. 재료구매예산의 작성

직접재료구매 예산(화학물질 A)

2021년 1월 1일부터 2021년 12월 31일까지

수퍼클린㈜	1분기	2분기	3분기	4분기	합계
제품 생산량	57,800	69,800	97,440	46,960	272,000
단위당 화학물질 A 필요량	×6	×6	×6	×6	×6
화학물질 A 투입량	346,800	418,800	584,640	281,760	1,632,000
가산: 기대기말직접재료재고	62,820	87,696	42,264	35,000	35,000
필요한 화학물질 A	409,620	506,496	626,904	316,760	1,667,000
차감: 기초 직접재료재고	25,000	62,820	87,696	42,264	25,000
직접재료 구입수량	384,620	443,676	539,208,	274,496	1,642,000
화학물질 A 단위당 원가	$0.13	$0.13	$0.13	$0.13	$0.13
화학물질 A 구매원가	$50,001	$57,678	$70,097	$35,684	$213,460

직접재료구매 예산(화학물질 B)

2021년 1월 1일부터 2021년 12월 31일까지

수퍼클린㈜	1분기	2분기	3분기	4분기	합계
제품 생산량	57,800	69,800	97,440	46,960	272,000
단위당 화학물질 B 필요량	×11	×11	×11	×11	×11
화학물질 B 투입량	635,800	767,800	1,071,840	516,560	2,992,000
가산: 기대기말직접재료재고	115,170	160,776	77,484	85,000	85,000
필요한 화학물질 B	750,970	928,576	1,149,324	601,560	3,077,000
차감: 기초 직접재료재고	60,000	115,170	160,776	77,484	60,000
직접재료 구입수량	690,970	813,406	988,548	524,076	3,017,000
화학물질 B 단위당 원가	$0.08	$0.08	$0.08	$0.08	$0.08
화학물질 B 구매원가	$55,278	$65,072	$79,084	$41,926	$241,360

c. 예산손익계산서의 작성

예산 손익계산서

2021년 1월 1일부터 2021년 12월 31일까지

수퍼클린	1분기	2분기	3분기	4분기	합계
매출액	$598,500	$682,500	$1,102,500	$441,000	$2,824,500
차감: 변동원가					
변동매출원가	208,620	237,900	384,300	153,720	984,540
변동판매관리비	29,925	34,125	55,125	22,050	141,225
공헌이익	359,955	410,475	663,075	265,230	1,698,735
차감: 고정원가					
고정제조원가	65,000	65,000	65,000	65,000	260,000
고정판매관리비	42,000	42,000	42,000	42,000	168,000
당기순이익	$252,955	$303,475	$556,075	$158,230	$1,270,735

단위당 변동매출원가

화학물질 A(6 × $0.13)	$0.78	
화학물질 B(11 × $0.08)	0.88	
직접노무원가	0.80	
변동제조간접원가	1.20	$3.66

▶고급연습문제 10-9. [학습목표 2]

a. 생산예산의 작성

생산 예산

2021년 1월 1일부터 2021년 12월 31일까지

펜젤슬라이드오일	1분기	2분기	3분기	4분기	합계
판매수량	7,000	6,000	10,000	8,000	31,000
가산: 기대 기말제품재고	480	800	640	1,000	1,000
필요수량	7,480	6,800	10,640	9,000	32,000
차감: 기초제품재고	1,600	480	800	640	1,600
제품 생산량	5,880	6,320	9,840	8,360	30,400

b. 재료구매예산의 작성

직접재료구매 예산(화학물질 A)

2021년 1월 1일부터 2021년 12월 31일까지

펜젤슬라이드오일	1분기	2분기	3분기	4분기	합계
제품 생산량	5,880	6,320	9,840	8,360	30,400
단위당 화학물질 A 필요량	×6	×6	×6	×6	×6
화학물질 A 투입량	35,280	37,920	59,040	50,160	182,400
가산: 기대기말직접재료재고	4,550	7,085	6,019	8,000	8,000
필요한 화학물질 A	39,830	45,005	65,059	58,160	190,400
차감: 기초 직접재료재고	4,800	4,550	7,085	6,019	4,800
직접재료 구입수량	35,030	40,454	57,974	52,141	185,600
화학물질 A 단위당 원가	× $1.05	× $1.05	× $1.05	× $1.05	× $1.05
화학물질 A 구매원가	$36,782	$42,477	$60,873	$54,748	$194,880

직접재료구매 예산(화학물질 B)

2021년 1월 1일부터 2021년 12월 31일까지

펜젤슬라이드오일	1분기	2분기	3분기	4분기	합계
제품 생산량	5,880	6,320	9,840	8,360	30,400
단위당 화학물질 B 필요량	×3.5	×3.5	×3.5	×3.5	×3.5
화학물질 B 투입량	20,580	22,120	34,440	29,260	106,400
가산: 기대기말직접재료재고	2,654	4,133	3,511	4,000	4,000
필요한 화학물질 B	23,234	26,253	37,951	33,260	110,400
차감: 기초 직접재료재고	2,400	2,654	4,133	3,511	2,400
직접재료 구입수량	20,834	23,598	33,818	29,749	108,000
화학물질 B 단위당 원가	×$0.15	×$0.15	×$0.15	×$0.15	×$0.15
화학물질 B 구매원가	$3,125	$3,540	$5,073	$4,462	$16,200

c. 예산손익계산서의 작성

예산 손익계산서
2021년 1월 1일부터 2021년 12월 31일까지

펜젤슬라이드오일	1분기	2분기	3분기	4분기	합계
매출액	$84,000	$72,000	$120,000	$96,000	$372,000
차감: 변동원가					
변동매출원가	56,910	48,780	81,300	65,040	252,030
변동판매관리비	3,360	2,880	4,800	3,840	14,880
공헌이익	23,730	20,340	33,900	27,120	105,090
차감: 고정원가					
고정제조원가	3,000	3,000	3,000	3,000	12,000
고정판매관리비	3,000	3,000	3,000	3,000	12,000
당기순이익	$17,730	$14,340	$27,900	$21,120	$81,090

단위당 변동매출원가

화학물질 A(6 × $1.05)	$6.30	
화학물질 B(3.5 × $0.15)	0.53	
직접노무원가	0.55	
변동제조간접원가	0.75	$8.13

▶ **고급연습문제 10-10. [학습목표 2]**

현금예산

2021년 1월 1일부터 2021년 12월 31일까지

케이시도매점	1분기	2분기	3분기	4분기	합계
현금유입					
외상매출금 회수					
전년도 4분기	$260,000				$260,000
1분기 ($725,000)	435,000	$290,000			725,000
2분기 ($805,000)		483,000	$322,000		805,000
3분기 ($875,000)			525,000	$350,000	875,000
4분기 ($968,000)				580,800	580,800
총현금유입	695,000	773,000	847,000	930,800	3,245,800
현금유출					
원재료 구입					
전년도 4분기	75,000				75,000
1분기 ($410,000)	328,000	82,000			410,000
2분기 ($450,000)		360,000	90,000		450,000
3분기 ($525,000)			420,000	105,000	525,000
4분기 ($600,000)				480,000	480,000
원재료 구매대금 합계	403,000	442,000	510,000	585,000	1,940,000
판매비와 일반관리비	240,000	240,000	240,000	240,000	960,000
자본예산				75,000	75,000
세금납부	25,000	27,000	25,000	27,600	104,600
총현금유출	668,000	709,000	775,000	924,600	3,079,600
유출을 초과한 현금유입	$27,000	$64,000	$72,000	$3,200	$166,200

▶고급연습문제 10-11. [학습목표 2]

현금예산

2021년 1월 1일부터 2021년 12월 31일까지

유로사이클링	1분기	2분기	3분기	4분기	합계
현금유입					
외상매출금 회수					
전년도 4분기	$275,000				$275,000
1분기 ($400,000)	200,000	$200,000			400,000
2분기 ($475,000)		237,500	$237,500		475,000
3분기 ($550,000)			275,000	$275,000	550,000
4분기 ($600,000)				300,000	300,000
총현금유입	475,000	437,500	512,500	575,000	2,000,000
현금유출					
원재료 구입					
전년도 4분기	58,500				58,500
1분기 ($160,000)	112,000	48,000			160,000
2분기 ($200,000)		140,000	60,000		200,000
3분기 ($225,000)			157,500	67,500	225,000
4분기 ($267,000)				186,900	186,900
원재료 구매대금 합계	170,500	188,000	237,500	254,400	830,400
판매비와 일반관리비	60,000	62,000	64,000	66,000	252,000
자본예산				20,000	20,000
세금납부	32,600	44,200	51,800	59,400	188,000
총현금유출	263,100	294,200	333,300	399,800	1,290,400
유출을 초과한 현금유입	$211,900	$143,300	$179,200	$175,200	$709,600

▶고급연습문제 10-12. [학습목표 2]

매출과 매입예산

2021년 1월 1일부터 2021년 12월 31일까지

수프림오리온	1분기	2분기	3분기	4분기	합계
매출액 – 2020	$256,000.00	$300,000.00	$290,000.00	$368,000.00	$1,214,000.00
매출액(예산) – 2021	320,000.00	375,000.00	362,500.00	460,000.00	1,517,500.00
매출원가	240,000.00	281,250.00	271,875.00	345,000.00	1,138,125.00
가산 : 기말재고	98,437.50	95,156.25	120,750.00	78,750.00	78,750.00
차감 : 기초재고	84,000.00	98,437.50	95,156.25	120,750.00	84,000.00
재고자산구매금액	$254,437.50	$277,968.75	$297,468.75	$303,000.00	$1,132,875.00

▶고급연습문제 10-13. [학습목표 2]

	1분기	2분기	3분기	4분기	2022/1분기
매출액(2020)	254,000	275,000	320,000	205,000	
2021년 매출과 매출원가					
매출액 – 2021	$274,320	$297,000	$345,600	$221,400	$296,266
매출원가	96,012	103,950	120,960	77,490	103,693
가산 : 기말재고	15,593	18,144	11,624	15,554	
차감 : 기초재고	27,800	15,593	18,144	11,624	
재고자산 매입원가	$83,805	$106,501	$114,440	$81,420	

조합 1

	1분기	2분기	3분기	4분기	2022/1분기
매출액 – 2021	$279,400	$302,500	$352,000	$225,500	$307,340
매출원가	92,202	99,825	116,160	74,415	101,422
가산 : 기말재고	21,962	25,555	16,371	22,313	
차감 : 기초재고	27,800	21,962	25,555	16,371	
재고자산 매입원가	$86,364	$103,418	$106,976	$80,357	

조합 2

	1분기	2분기	3분기	4분기	2022/1분기
매출액 – 2021	$292,100	$316,250	$368,000	$235,750	$335,915
매출원가	81,788	88,550	103,040	66,010	94,056
가산 : 기말재고	21,252	24,730	15,842	22,573	
차감 : 기초재고	27,800	21,252	24,730	15,842	
재고자산 매입원가	$75,240	$92,028	$94,152	$72,741	

조합 3

	1분기	2분기	3분기	4분기	2022/1분기
매출액 – 2021	$276,860	$299,750	$348,800	$223,450	301,777
매출원가	110,744	119,900	139,520	89,380	120,711
가산 : 기말재고	40,766	47,437	30,389	41,042	
차감 : 기초재고	27,800	40,766	47,437	30,389	
재고자산 매입원가	$123,710	$126,571	$122,472	$100,033	

▶고급연습문제 10-14. [학습목표 3]

a. 데보라와 바니는 자신의 이익 때문에 갈등을 겪고 있다. 데보라는 목표를 용이하게 달성하여 보너스를 받기 위하여 예산상의 수익은 낮고 비용은 높길 원하고 있다. 반면 바니는 현실적인 계획을 수립하기 위해서 예산수치들의 정확성을 중요하게 여기고 있으며, 예산상의 수치가 정확하지 않다면 보너스와 같은 보상이 이루어져서는 안 된다고 생각한다.

b. 예산 수치와 관련된 모든 정보를 제시하고 상대방의 의견을 이해할 수 있도록 요구해야 한다. 또한 2014년의 예외적인 성과에 기여한 통제가능 요소와 통제불능 요소에 대한 정보를 제시하도록 요구하여야 한다. 다음으로 사장은 자신의 최선의 판단에 따라 예산을 설정하거나 또는 데보라와 바니가 의견을 조율할 수 있도록 유도하여야 한다.

▶**고급연습문제 10-15. [학습목표 1, 2, 3]**

a. 고객상담원의 급여는 변동원가이며, 감독자 급여, 사무실 임차료, 감가상각비는 고정원가이다.

	상담전화 14,000건		
	변동예산	실제원가	차이
고객상담원급여	$200,000	$182,000	$18,000
감독자급여	30,000	30,250	(250)
사무실임차료	5,000	5,000	0
감가상각비	7,000	8,000	(1,000)
합계	$242,000	$225,250	$16,750

b. 고객상담원 급여와 감가상각비의 차이가 예외적으로 나타나며, 변동예산금액과 비교할때 고객상담원 급여는 9%가 높고, 감가상각비는 14%가 높게 발생하였다. 이러한 차이를 발생시킨 가능한 원인으로 고객전화가 25%증가하였기 때문에, 파트타임 고객상담원을 추가로 고용하였거나 또는 추가로 고객상담원을 고용하였을 수도 있다. 따라서 상담원이 증가하였기 때문에 이들이 사용할 상담장비가 추가로 도입되어 감가상각비가 증가한 것으로 해석할 수 있다.

c. 비재무적 측정치로 고객상담 응답 건 수, 응대까지 걸린 고객평균대기시간, 평균 응대시간, 동일한 문제로 반복 상담한 건 수, 고객 만족도, 고객서비스와 관련한 고객의 불만 건 수 등을 들 수 있다.

▶**고급연습문제 10-16. [학습목표 3]**

실제로는 목표 수량보다 적게 생산하였지만, 예산은 실제 생산수량을 기준으로 작성되지 않았기 때문에 비용이 적게 발생한 것으로 나타나 유리한 차이가 발생한 것이다. 변동예산을 작성하게 되면 실제원가가 예산보다 높게 발생한 것으로 나타날 수 있다.

사장이 변동예산을 이해하고 있다고 가정하면 생산량의 감소로 원가가 줄어든 것을 이해하기 때문에 특히, 생산수량의 감소가 제조과정에서의 품질문제에서 비롯되었다면 유리한 차이에 대해서 고무되지 않을 것이다.

▶고급연습문제 10-17. [학습목표 4]

a. 예산 패딩(budget padding, 예산부풀리기)은 실제 이익이 예산 이익을 초과할 수 있도록 매출액은 줄이고 비용은 증가시켜 추정하는 것을 의미한다. 프란츠는 예산이익을 초과하게 되면 보너스도 증가하기 때문에 예산을 부풀리고자 하는 동기를 가지고 있다. 예산패딩은 예산이 내부활동들을 조정하는데 유용하지 않다면 회사의 성과를 훼손할 수 있다. 예를 들어 구매부서는 예산 매출액에 따라 원재료를 구매한다면 구매부서는 원재료를 너무 적게 구매하게 될 것이다.

b. 예산상의 이익이 $45,000,000로 설정되어 있고 보상은 예산 이익의 120%인 $54,000,000까지만 이루어지기 때문에 $54,000,000을 초과한 이익에 대해서는 보상이 이루어지지 않는다. 4분기 마지막 2주간의 배송을 다음 기로 연기하게 되면 다음 분기의 보너스 수령액을 증가시킬 수 있기 때문에 그러한 결정을 내린 것이다. 이런 의사결정은 적시 배송을 받지 못한 고객이 불만을 제기하게 되기 때문에 궁극적으로 주주가치를 훼손시킬 수 있다.

▶고급연습문제 10-18. [학습목표 1]

① 시장조사자료에 근거한 고객만족도 순위

② 적시 배송비율

③ 불량품 생산비율

④ 신제품의 판매비율(제품혁신의 측정치)

제 11 장

표준원가와 차이분석

Standard Costs and Variance Analysis

주관식 문제 *Questions*

1. 성과평가를 위해 실제원가와 표준원가를 비교한다. 만약 실제원가와 표준원가 사이의 차이가 비효율적인 운영에서 기인한 것이라고 조사된다면 이를 교정하기 위한 활동이 착수될 수 있다.

2. 표준원가의 개발은 다음과 같다 :

   재료가격 : 공급자가 제시한 가격 목록
   재료수량 : 엔지니어링 계획 또는 엔지니어링 방법에 의해 설정
   직접작업자의 임율 : 노동계약서에서 명시되거나 또는 작업자별 분류에 따라 관리자가 추정한 임율
   직접노무시간 : 시간과 동작연구, 과거 자료의 분석을 이용해서 설정
   간접원가배부율 : 예상된 간접원가를 배부기준의 추정치로 나눈 값

3. 이상표준은 "완벽한" 환경에 기초해서 설정한 것으로 기계고장, 재료결함과 같은 상황들을 포함하지 않는다. 달성가능표준은 다양한 조건(예:설비고장)을 고려하여 설정되기 때문에 이상표준보다 원가가 더 높게 설정된다.

4. 관리자들은 질이 낮은 재료를 구입하거나 구매가격을 인하하기 위하여 필요보다 많이 재료를 구매(재고에 과도한 투자가 이루어짐)함으로써 유리한 재료가격차이를 달성하고자 시도할 수 있다.

5. 유리한 재료가격차이는 품질이 낮은 재료를 구매할 때 발생할 수 있으며, 유리한 노무임율차이는 숙련되지 않은 작업자를 낮은 인건비로 고용할 때 발생할 수 있다. 그 결과 재료공손과 작업폐물이 증가하게 되어 불리한 재료수량차이를 발생시키게 된다.

6. 관리자들은 중요한 차이는 모두 조사하여야 한다. 왜냐하면 유리한 차이도 관리자의 잘못된 의사결정을 유도할 수 있기 때문이다. 예를 들어 유리한 재료가격차이는 질이 낮은 재료를 구매하였기 때문에 발생할 수 있기 때문이다.

7. 제조간접원가 조업도 차이는 제조간접원가가 통제범위에 있는지 여부에 대한 정보를 제공하지 못한다. 만약 총 산출물이 제조간접원가 배부율을 결정한 시점의 예상 산출물보다 적다면 고정제조간접원가가 과소배부(불리한 제조간접원가 조업도 차이가 발생)될 것이다. 이것은 제조간접원가가 통제범위에 있다는 것을 나타내는 것이 아니라 계획보다 생산량이 적다는 것을 의미한다.

8. 금액에서 중요한 예외적 차이는 조사되어야 하며, 차이에 따른 원가와 이익이 이러한 의사결정에서 고려되어야 한다.

9. 예외에 의한 관리란 예외적으로 보이는 차이들에 특별한 주의를 기울어야 한다는 것을 의미한다.

10. 관리자들은 자신이 통제할 수 있는 차이들에 대해서만 책임을 져야 한다는 것을 의미한다.

연습문제 Exercises

▶ 연습문제 11-1. [학습목표 3]

절삭부문의 생산량을 시간당 600개로 줄이지 않는다면, 재공품 재고가 적정 수준을 초과하게 될 것이다. 초과된 재공품 재고는 주주가치를 창출하지 못한다. 그러나 작업인력을 줄이지 않는다면 (가까운 시일 내에 병목이 제거될 것이라는 희망 때문에), 불리한 노무능률차이를 초래하게 될 것이다. 즉 실제작업시간은 변경되지 않지만 표준작업시간은 700개가 아니라 600개에 대한 것이기 때문이다.

▶ 연습문제 11-2. [학습목표 3]

생산공정의 개선이 이루어지면 생산량에 대한 표준작업시간은 감소하게 될 것이다(1단위를 생산하는 시간이 줄어들기 때문). 그러나 작업인력을 줄이지 않거나, 생산량을 증가하지 않는다면, 노무능률차이는 실제작업시간이 표준작업시간보다 크기 때문에 불리한 차이가 나타나게 된다.

▶ 연습문제 11-3. [학습목표 1]

직접재료 가격차이

= (AP − SP) AQ^P

= ($59.33 − $57.00) 150

= $350 불리

AP = $8,900 ÷ 150 = $59.33

직접재료 수량차이

= (AQ^U − SQ) SP

= (104 − 125) $57

= $1,197 유리

표준 수량 = 50 × 2.5 = 125

▶ 연습문제 11-4. [학습목표 1]

직접노무 임률차이

= (AR − SR) AH

= ($32.86 − $35.00) 2,100

= $4,494 유리

실제 임금률 = $69,000 ÷ 2,100 = $32.86

직접노무 능률차이
= (AH − SH) SR
= (2,100 − 1,650) $35
= $15,750 불리

표준 시간 = 75 × 22 = 1,650

▶ 연습문제 11-5. [학습목표 2, 3]

스탠톤 서플라이사
실제생산량(56,000단위)

	실제원가	변동예산*	차이	
변동제조간접원가				
간접재료원가	$468,500	$448,000	$20,500	U
설비비	95,000	112,000	(17,000)	F
수선유지비	170,000	168,000	2,000	U
총변동제조간접원가	733,500	728,000	5,500	U
고정제조간접원가				
감독자급료	127,000	126,000	1,000	U
감가상각비	145,000	150,000	(5,000)	F
기타간접원가	26,700	25,000	1,700	U
총고정제조간접원가	298,700	301,000	(2,300)	F
총제조간접원가	$1,032,200	$1,029,000	$3,200	U

* 간접재료원가 = 56,000 × $8 = $448,000
설비비 = 56,000 × $2 = $112,000
수선유지비 = 56,000 × $3 = $168,000

간접재료원가와 설비비에 중점을 두어야 한다.

▶ 연습문제 11-6. [학습목표 1]

직접재료 가격차이

$= (AP - SP)\ AQ^{P}$

= ($1,024 − $1,000) 770

= $18,480 불리

실제 구매 수량 = $788,480 ÷ $1,024 = 770온스

직접재료 수량차이

$= (AQ^{U} - SQ)\ SP$

= (770 − 750) $1,000

= $20,000 불리

표준 수량 = 1,500 × .5온스 = 750온스

▶ 연습문제 11-7. [학습목표 1]

직접재료 가격차이

$= (AP - SP)\ AQ^{P}$

= ($2,350 − $2,300) 250

= $12,500 불리

실제 가격 = $587,500 ÷ 250 = $2,350/밸브

직접재료 수량차이

$= (AQ^{U} - SQ)\ SP$

= (248 − 240) $2,300

= $18,400 불리

표준 수량 = 60 × 4밸브 = 240밸브

▶ 연습문제 11-8. [학습목표 1]

직접노무 임률차이

= (AR − SR) AH

= ($13.62 − $13.00) 8,200

= $5,084 불리

실제 노동률 = $111,700 ÷ 8,200시간 = $13.62/시간

직접노무 능률차이
= (AH – SH) SR
= (8,200 – 10,000) $13.00
= $23,400 유리

표준 시간 = 25,000 × 0.40시간/짝 = 10,000시간

▶ **연습문제 11-9. [학습목표 1]**

직접재료 가격차이
= (AP – SP) AQ^P
= ($10.50 – $12.00) 4,000
= $6,000 유리

실제 가격 = $42,000 ÷ 4,000야드 = $10.50/야드

직접재료 수량차이
= (AQ^U – SQ) SP
= (3,100 – 3,195) $12
= $1,140 유리

표준 수량 = 3,550 × 0.90야드 = 3,195야드

직접노무 임률차이
= (AR – SR) AH
= ($13.93 – $14.00) 4,450
= $312 유리

실제 노동 비율 = $62,000 ÷ 4,450시간 = $13.93/시간

직접노무 능률차이
= (AH – SH) SR
= (4,450 – 4,260) $14
= $2,660 불리

표준 시간 = 3,550 × 1.2시간 = 4,260시간

▶ **연습문제 11-10. [학습목표 2]**

제조간접원가 통제가능차이

= 실제 간접원가 – 실제 생산수준의 변동예산

= $176,000 – [$90,000 + ($3.00 × 19,000)]

= $176,000 – $147,000

= $29,000 불리

▶ **연습문제 11-11. [학습목표 1, 3]**

직접노무 임률차이

= (AR – SR) AH

= ($14.25 – $12.00) 11,700

= $26,325 불리

직접노무 능률차이

= (AH – SH) SR

= (11,700 – 10,350) $12.00

= $16,200 불리

표준 시간 = 4,600 × 2.25시간/단위 = 10,350시간

제조간접원가 통제가능차이

= 실제 제조간접원가 – 실제 생산량에 대한 변동예산

= $50,000 – [$15,000 + ($9 × 4,600)]

= $50,000 – $56,400

= $6,400 유리

제조간접원가 조업도차이

= 실제 생산량에 대한 변동예산 – 실제 생산량에 배부된 제조간접원가

= [$15,000 + ($9 × 4,600)] – ($11.50 × 4,600)

= $3,500 불리

단위당 제조간접원가 표준배부율

= 추정한 총 제조간접원가 ÷ 추정한 총 생산량

= [$15,000 + ($9 × 6,000)] ÷ 6,000

= $11.50/단위

▶ **연습문제 11-12. [학습목표 1, 2, 3]**

실제 생산원가는 표준원가에 불리한 차이를 가산한 금액과 같다.

($5,200 × 800) + $351,900 = $4,511,900

차이	금액	실제생산원가에서 차지하는 비율
직접재료 가격차이	8,900 U	0.20%
직접재료 수량차이	34,000 U	0.75%
직접노무 임률차이	(4,600) F	−0.10%
직접노무 능률차이	9,600 U	0.21%
제조간접원가 통제가능차이	4,000 U	0.09%
제조간접원가 조업도차이	300,000 U	6.65%

제조간접원가 조업도 차이는 조사할 필요가 없다. 왜냐하면 계획생산량은 960단위였고 실제생산량은 800단위였기 때문이다.

실제생산원가와 비교하여 0.5%이상 차이를 나타내는 직접재료수량차이는 차이의 원인을 조사하여야 한다.

▶ **연습문제 11-13. . [학습목표 1]**

직접재료 가격차이

= (AP − SP) AQ^P

= ($20 − $22) 57,000

= $114,000 유리

실제 가격 = $1,140,000 ÷ 57,000 선형피트 = $20/피트

직접재료 수량차이

= (AQ^U − SQ) SP

= (55,000 − 54,000) $22

= $22,000 불리

표준 수량 = 2,000 × 27 피트 = 54,000 피트

분개

원재료 재고 ($22 × 57,000)	1,254,000	
직접재료 가격차이		114,000
매입채무 ($20 × 57,000)		1,140,000

(재료 구입 기록)

재공품 재고($22 × 54,000)	1,188,000	
직접재료 수량차이	22,000	
원재료 재고($22 × 55,000)		1,210,000

(생산에 사용된 재료의 기록)

▶ 연습문제 11-14. [학습목표 1]

직접노무 임률차이
= (AR − SR) AH
= ($12.25 − $13.00) 5,450
= $4,088 유리

직접노무 능률차이
= (AH − SH) SR
= (5,450 − 5,270) $13
= $2,340 불리

분개

재공품 재고 ($13 × 5,270)	68,510	
직접노무 능률차이	2,340	
직접노무 임률차이		4,088
미지급 급여 ($12.25 × 5,450)		66,762

(노동원가의 기록)

▶ 연습문제 11-15. [학습목표 2]

제조간접원가	575,000	
제계정		575,000
(실제제조간접원가의 기록)		

재공품 제고($4.25 × 130,000)	552,500	
제조간접원가		552,500
(단위당 $4.25로 배부된 제조간접원가의 기록)		

총 제조간접원가차이는 실제제조간접원가와 배부된 제조간접원가의 차이이다($575,000 − $552,500 = $22,500). 총 제조간접원가차이의 1/3은 제조간접원가 조업도 차이고 나머지 2/3는 제조간접원가 통제가능차이다.

제조간접원가 조업도차이	7,500	
제조간접원가 통제가능차이	15,000	
제조간접원가 차이		22,500
(제조간접원가 계정의 마감과 제조간접원가차이의 기록)		

▶ 연습문제 11-16. [학습목표 1, 2]

매출원가	11,120	
직접재료 가격차이	3,600	
직접노무 임률차이	1,650	
직접재료 수량차이		3,900
직접노무 능률차이		5,650
제조간접원가 통제가능차이		2,550
제조간접원가 조업도차이		4,270

(매출원가로 차이계정 마감)

▶ 연습문제 11-17. [학습목표 1, 2]

제품	$117,000	19%
재공품	54,000	9%
매출원가	437,500	72%
합계	$608,500	100%

차이의 할당

제품	$2,113	19%
재공품	1,001	9%
매출원가	8,006	72%
합계	$11,120	100%

제품	2,113	
재공품	1,001	
매출원가	8,006	
직접재료 가격차이	3,600	
직접노무 임률차이	1,650	
직접재료 수량차이		3,900
직접재료 능률차이		5,650
제조간접원가 통제가능차이		2,550
제조간접원가 조업도차이		4,270

(제품, 재공품, 매출원가로 차이의 마감)

고급연습문제 Problems

▶고급연습문제 11-1. [학습목표 1, 3]

a. 직접재료 가격차이
= (AP − SP) AQ^P
= ($15.30 − $15.00) 19,000
= $5,700 불리

실제 가격 = $290,700 ÷ 19,000 파운드 = $15.30/파운드

직접재료 수량차이
= (AQ^U − SQ) SP
= (16,800 − 15,234) $15
= $23,490 불리

표준량 = 325,000 × 0.75 온스 ÷ 16 온스 = 15,234 파운드

b. 파운드당 구입가격($15.30)은 표준가격($15.00)보다 2% 높다. 표준가격은 연간 평균가격의 추정치를 반영하고 있으며 실제 구입가격에는 계절별 변동이 반영된 것으로 예상된다.
사용한 커피수량은 표준보다 약 10%가 많으며 차이의 원인(예-도난, 낭비 또는 커피 제조법보다 더 많은 커피를 사용하였는지 가능한 원인)을 조사하여야 한다.

▶고급연습문제 11-2. [학습목표 1]

a. 직접재료 가격차이
= (AP − SP) AQ^P
= ($2.10 − $2.75) 6,200
= $4,030 유리

실제 가격 = $13,000 ÷ 6,200 야드 = $2.10/야드

직접재료 수량차이
= (AQ^U − SQ) SP
= (5,000 − 4,140) $2.75
= $2,365 불리

표준 수량 = 1,800 × 2.3 야드 = 4,140 야드

b. 직접재료 가격차이는 유리한 차이이며, 야드당 유리한 가격으로 협상을 했기 때문이다. 유리한 직접재료 가격차이는 품질이 낮은 재료를 구입하는 경우에도 발생할 수 있다. 직접재료 수량차이는 불리한 차이이며, 재료의 비효율적 이용 때문에 발생할 수 있지만, 유리한 직접재료 가격차이가 품질이 낮은 재료를 구입해서 발생한 것이라면, 작업폐물이 발생해서 표준보다 더 많은 재료가 사용되는 결과를 초래하기도 한다.

▶고급연습문제 11-3. [학습목표 1]

a.

	10월	11월	12월
개 한마리 당 표준 조련시간	1	1	1
표준임률(시간당 노무비율)	15	15	15
실제 노무원가	$4,890	$6,500	$6,980
실제 총 조련시간	350	355	360
실제 임률 = (실제원가 ÷ 실제시간)	$13.97	$18.31	$19.39
조련된 개의 수(마리)	300	310	330
표준 조련시간 = (실제 조련된 개의 수 × 마리당 요구되는 표준 조련시간)	300	310	330
직접노무 임률차이(AR−SR)AH	$360 F	$1,175 U	$1,580 U
직접노무 능률차이(AH−SH)SR	$750 U	$675 U	$450 U

b. 종업원들의 숙련도를 높이기 위한 교육이 이루어지거나 높은 임금을 주고 종업원을 고용하는 것과 같은 상황이 발생하여 임률이 오르고 있다. 직접노무 능률차이는 점차적으로 감소하고 있는데, 종업원들의 숙련도가 높아짐으로써 전기에 비하여 효율성이 증가하고 있는 것일 수 있다.

▶고급연습문제 11-4. [학습목표 1]

a. 직접노무 임률차이

= (AR − SR) AH

= ($49.41 − $42.00) 850

= $6,299 불리

실제 비율 = $42,000 ÷ 850시간 = $49.41/시간

직접노무 능률차이

= (AH − SH) SR

= (850 − 1,125) $42

= $11,550 유리

표준 시간 = 150 웹사이트 × 7.5시간/사이트 = 1,125시간

b.

웹사이트 1개당 판매가격	$ 750
변동직접노무원가 (7.5시간 × $42)	315
웹사이트 1개당 공헌이익	$ 435

c.

매출액 (웹사이트 150개 × $750)	$ 112,500
변동 직접노무원가(문제에 제시)	42,000
실제 공헌이익	$ 70,500
웹사이트 1개당 실제 공헌이익	$ 470

▶고급연습문제 11-5. [학습목표 1, 2]

a. 단위당 표준원가:

직접재료원가(1.20리터 × $6)	$7.20
직접노무원가(1.5시간 × $9)	13.50
변동제조간접원가	5.00
고정제조간접원가($55,000 ÷20,000)	2.75
단위당 총 원가	$28.45

b. 직접재료 가격차이

= (AP − SP) AQ^P

= ($7.14 − $6.00) 35,000

= $39,900 불리

실제 가격 = $250,000 ÷ 35,000 리터 = $7.14 / 리터

직접재료 수량차이

= (AQ^U − SQ) SP

= (30,000 − 27,600) $6

= $14,400 불리

표준 수량 = 23,000 × 1.2 리터 = 27,600 리터

직접노무 임률차이
= (AR − SR) AH
= ($8.25 − $9.00) 35,152
= $26,364 유리

실제 시간 = $290,000 ÷ $8.25 / 시간 = 35,152시간

직접노무 능률차이
= (AH − SH) SR
= (35,152 − 34,500) $9
= $5,868 불리

표준 시간 = 23,000 캔 × 1.5시간 / 캔 = 34,500시간

제조간접원가 통제가능차이
= 실제 제조간접원가 − 실제 생산량에 대한 변동예산의 제조간접원가
= ($220,000 − $170,000)
= $50,000 불리

변동예산 = (($5 × 23,000) + $55,000) = $170,000

제조간접원가 조업도차이
= 실제 생산량에 대한 변동예산의 제조간접원가 − 실제 생산량에 대한 표준배부율로 배부된 제조간접원가
= $170,000 − $178,250
= $8,250 유리
제조간접원가 배부액 = $7.75 × 23,000 = $178,250

c. 불리한 직접재료 가격차이의 원인으로 예상할 수 있는 것은 재료의 시장가격이 예상보다 높았거나 표준은 변경하지 않고 고품질의 재료를 표준가격보다 높은 가격을 구입한 경우를 들 수 있다.
불리한 직접재료 수량차이는 작업자가 비숙련공이거나 잘못된 재료관리, 사고, 재작업 등을 원인으로 예상할 수 있다.
유리한 직접노무 임률차이는 현재 작업자보다 낮은 임율로 인원을 추가로 고용하거나 신규 고용계약이 낮은 임율에서 이루어졌지만 표준이 변경되지 않았을 경우 등으로 예상할 수 있다.

불리한 제조간접원가 통제가능차이는 제조간접원가에 대한 통제가 부족하다는 것을 의미한다. 유리한 제조간접원가 조업도차이는 생산량이 예산수립시 적용했던 제조간접원가보다 더 많은 경우에 발생한다.

▶고급연습문제 11-6. [학습목표 1, 2]

a. 단위 당 표준원가:

직접재료원가(0.75리터 × $2.50)	$1.88
직접노무원가(4시간 × $13)	52.00
변동제조간접원가	11.00
고정제조간접원가($15.375 − $$11.00)	4.37
단위당 원가	$69.25

b. 직접재료 가격차이

= (AP − SP) AQ^P

= ($4.62 − $2.50) 13,000

= $27,560 불리

실제 가격 = $60,000 ÷ 13,000 리터 = $4.62/리터

직접재료 수량차이

= (AQ^U − SQ) SP

= (10,100 − 5,850) $2.5

= $10,625 불리

표준 수량 = 7,800 × 0.75 리터 = 5,850 리터

직접노무 임률차이

= (AR − SR) AH

= ($11 − $13) 34,205

= $68,419 유리

실제 시간 = $376,250 ÷ $11/시간 = 34,205시간

직접노무 능률차이
= (AH − SH) SR
= (34,205 − 31,200) $13
= $39,065 불리

표준 시간 = 7,800 단위 × 4시간/단위 = 31,200시간

제조간접원가 통제가능차이
= 실제 제조간접원가 − 실제 생산량에 대한 표준배부율로 배부된 제조간접원가
= $125,000 − $120,800
= $4,200 불리
변동 예산 = ((7,800 × $11) + $35,000) = $120,800

제조간접원가 조업도차이
= 실제 생산량에 대한 변동예산의 제조간접원가 − 실제 생산량에 대한 표준배부율로 배부된 제조간접원가
= $120,800 − $119,925
= $875 불리
배부된 제조간접원가 7,800 × $15.375 = $119,925

c. 차이의 발생원인들
불리한 직접재료 가격차이 :
재료의 시장가격이 예상보다 상승하였거나 회사가 가격은 높으나 더 높은 품질의 재료로 변경했음에도 표준원가에는 반영하지 않았을 수도 있다.
불리한 직접재료 수량차이 :
미숙련공, 조작미숙, 사고 또는 공정결함으로 인하여 더 많은 재료가 사용될 수 있다.
유리한 직접노무 임률차이 : 낮은 임률의 근로자를 추가 고용
불리한 직접노무 능률차이 : 저급여 근로자의 수가 부족
불리한 제조간접원가 통제가능 차이 : 제조간접원가로 사용되는 비용들의 통제가 부족
불리한 제조간접원가 조업도 차이 :
조업도가 예상보다 낮아 예산보다 제조간접원가가 작게 배부된 경우

▶고급연습문제 11-7. [학습목표 1, 2]

a. 단위당 제조간접원가 표준배부율

= (단위당예산고정간접원가 + 단위당 표준변동간접원가)

= ($90,000 ÷ 25,000 단위) + $8

= $11.60

b. 직접재료 가격차이

= (AP − SP) AQ^P

= ($2.13 − $2.50) 40,000

= $14,800 유리

실제 가격= $85,000 ÷ 40,000 kg = $2.13/kg

직접재료 수량차이

= (AQ^U − SQ) SP

= (38,750 − 37,500) $2.50

= $3,125 불리

표준 수량 = 30,000 × 1.25 kg = 37,500 kg

직접노무 임률차이

= (AR − SR) AH

= ($10.62 − $10) 35,300

= $21,886 불리

실제 임금률 = $375,000 ÷ 35,300시간 = $10.62/시간

직접노무 능률차이

= (AH − SH) SR

= (35,300 − 36,000) $10

= $7,000 유리

표준 시간 = 30,000 단위 × 1.2시간/단위 = 36,000시간

제조간접원가 통제가능차이
= 실제 제조간접원가 − 실제 생산량에 대한 변동예산의 제조간접원가
= $327,000 − [$90,000 + ($8 × 30,000)]
= $327,000 − $330,000
= $3,000 유리

제조간접원가 조업도차이
= 실제 생산량에 대한 변동예산의 제조간접원가 − 실제 생산량에 대한 표준배부율로 배부된 제조간접원가
= [$90,000 + ($8 × 30,000)] − ($11.60 × 30,000)
= $330,000 − $348,000
= $18,000 유리

c. 차이 요약

직접재료 가격차이	($14,800)	F
직접재료 수량차이	3,125	U
직접노무 임률차이	21,886	U
직접노무 능률차이	(7,000)	F
제조간접원가 통제가능차이	(3,000)	F
제조간접원가 조업도차이	(18,000)	F
합계	($17,789)	F

유리한 직접재료 가격차이, 불리한 직접노무 임률차이, 유리한 직접노무 능률차이에 대해서는 상대적으로 금액이 크기 때문에 조사가 이루어져야 한다. 하지만 제조간접원가 조업도차이는 상대적 금액이 크더라도 그 차이가 계획생산량보다 생산량이 더 증가하였기 때문에 발생한 것이므로 조사가 필요하지 않다.

▶고급연습문제 11-8. [학습목표 1]

a. 변호사 − 법인담당

직접노무원가 임률차이 = AH × (AR−SR)
= 92 × ($140 − $125)
= $1,380(U)

직접노무원가 능률차이 = SR × (AH − SH)
= \$125 × (92 − 100)
= \$1,000(F)
표준시간 SH = 40 × 2.50 = 100

b. 변호사 – 유언장 담당
직접노무원가 임률차이 = AH × (AR−SR)
= 38 × (\$180 − \$175)
= \$190(U)
직접노무원가 능률차이 = SR × (AH − SH)
= \$175 × (38 − 45)
= \$1,228(F)
표준시간 SH = 30 × 1.50 = 45

c. 법률사무보조원 – 법인담당
직접노무원가 임률차이 = AH × (AR−SR)
= 135 × (\$40 − \$38)
= \$270(U)
직접노무원가 능률차이 = SR × (AH − SH)
= \$38.00 × (135 − 160)
= \$950(F)
표준시간 SH = 40 × 4.00 = 160

d. 법률사무보조원 – 유언장 담당
직접노무원가 임률차이 = AH × (AR−SR)
= 95 × (\$30 − \$25)
= \$475(U)
직접노무원가 능률차이 = SR × (AH − SH)
= \$25 × (95 − 90)
= \$125(U)
표준시간 SH = 30 × 3.00 = 90

▶고급연습문제 11-9. [학습목표 1, 2]

a. 직접재료 가격차이 (재료 A)

= (AP − SP) AQ^P

= ($0.23 − $0.35) 37,500

= $4,500 유리

실제 가격 = $8,500 ÷ 37,500 kg = $0.23/kg

직접재료 가격차이 (재료 B)

= (AP − SP) AQ^P

= ($0.47 − $0.55) 12,000

= $960 유리

실제 가격 = $5,600 ÷ 12,000 kg = $0.47/kg

직접재료 수량차이 (재료A)

= (AQ^U − SQ) SP

= (37,500 − 33,600) $0.35

= $1,365 불리

표준 수량 = 42 배치 × 800 kg/배치 = 33,600 kg

직접재료 수량차이 (재료 B)

= (AQ^U − SQ) SP

= (12,000 − 10,500) $0.55

= $825 불리

표준 수량 = 42 배치 × 250 kg = 10,500 kg

직접노무 임률차이

= (AR − SR) AH

= ($16.96 − $15.00) 460

= $902 불리

실제임률 = $7,800 ÷ 460시간 = $16.96/시간

직접노무 능률차이
= (AH − SH) SR
= (460 − 420) $15
= $600 불리

표준 시간 = 42 배치 × 10시간/배치 = 420시간

제조간접원가 통제가능차이
= 실제 제조간접원가 − 실제 생산량에 대한 변동예산의 제조간접원가
= $23,000 − $25,000
= $2,000 유리

제조간접원가 조업도차이
= 실제 생산량에 대한 변동예산의 제조간접원가 − 실제 생산량에 대한 표준배부율로 배부된 제조간접원가
= $25,000 − ($500 × 42 배치)
= $25,000 − $21,000
= $4,000 불리

b. 차이요약

직접재료 가격차이(A)	($4,500) 유리
직접재료 가격차이(B)	(960) 유리
직접재료 수량차이(A)	1,365 불리
직접재료 수량차이(B)	825 불리
직접노무 임률차이	902 불리
직접노무 능률차이	600 불리
제조간접원가 통제가능차이	(2,000) 유리
(제조간접원가 조업도차이)	4,000 불리
Total	$232 불리

제조간접원가 조업도차이는 제조간접원가가 통제범위를 벗어났다는 것이 아니며, 단지 실제 생산량이 제조간접비 배부율을 설정했던 시점의 추정 생산량보다 적다는 것을 의미한다.

▶고급연습문제 11-10. [학습목표 1, 2, 3]

a. 단위당 표준원가

단위당 표준원가

직접재료원가(3 kg × $2.50/kg)	$7.50
직접노무원가(1.5시간 × $15/시간	22.50
변동제조간접원가	9.00
고정제조간접원가	1.00
합계	$40.00

직접재료 가격차이

= (AP − SP) AQ^P

= ($2.53 − $2.50) 455,000

= $13,650 불리

실제 가격 = $1,150,000 ÷ 455,000 kg = $2.53/kg

직접재료 수량차이

= (AQ^U − SQ) SP

= (425,000 − 375,000) $2.50

= $125,000 불리

표준 수량 = 125,000개 × 3 kg/개 = 375,000 kg

직접노무 임률차이

= (AR − SR) AH

= ($15.25 − $15.00) 190,164

= $47,541 불리

실제 시간 = $2,900,000 ÷ $15.25/시간 = 190,164시간

직접노무 능률차이

= (AH − SH) SR

= (190,164 − 187,500) $15

= $39,960 불리

표준 시간 = 125,000개 × 1.5시간/개= 187,500시간

제조간접원가 통제가능차이
= 실제 제조간접원가 − 실제 생산량에 대한 변동예산의 제조간접원가
= $900,000 − [$130,000 + ($9 × 125,000)]
= $900,000 − $1,255,000
= $355,000유리

제조간접원가 조업도차이
= 실제 생산량에 대한, 변동예산의 제조간접원가 − 실제 생산량에 대한 표준배부율로 배부된 제조간접원가
= [$130,000 + ($9 × 125,000)] − ($10 × 125,000)
= $1,255,000 − $1,250,000
= $5,000 불리

b. 차이 요약

직접재료 가격차이	$ 13,650	불리
직접재료 수량차이	125,000	불리
직접노무 임률차이	47,541	불리
직접노무 능률차이	39,960	불리
제조간접원가 통제가능차이	(355,000)	유리
제조간접원가 조업도차이	5,000	불리
총계	$(123,849)	유리

제조간접원가 조업도차이를 제외한 모든 원가차이에 대한 조사가 이루어져야 한다. 제조간접원가 조업도 차이는 제조간접원가 배부율을 산정하기 위해 추정된 생산량과 실제 생산량과의 차이를 의미하기 때문에 별도의 조사가 필요하지 않다.

▶ 고급연습문제 11-11. [학습목표 1]

직접노무 임률차이
= (AR − SR) AH
= ($52 − $40) 425
= $5,100 불리

실제 비율 = $22,100 ÷ 425시간 = $52/시간

직접노무 능률차이
= (AH – SH) SR
= (425 – 417) $40
= $320 불리

표준 시간 = (1,250 샘플 × (20 분/샘플 ÷ 60 분)) = 417시간

직접노무원가 임률차이가 상대적으로 큰 이유는 분명하다. 회사에서 임시 작업자를 높은 임률로 고용했기 때문이다. 한달 동안 수행된 작업시간은 425시간이며 2명의 풀타임 작업자가 작업을 하였다. 작업자 2명중 1명의 임률은 $60이며, 나머지 1명은 $40이고 작업자들의 작업시간이 동일하다고 가정한다면 평균임률은 $50[($60+$40) ÷ 2]이며 총 직접노무원가는 $21,250이다. 실제 직접노무원가가 $22,100이기 때문에 통제범위 안에 있다고 판단된다.

▶고급연습문제 11-12. [학습목표 1]

1. 다양한 답변이 가능하다. 몇가지 예를 들어보자면 :

부서	가능한 기준들
분쇄부문	시간당 작업량; 종업원의 급여 및 작업자의 표준임률
사출성형부문	시간당 사출처리량; 직원의 표준임률; 사출된 플라스틱 1kg당 필요한 원재료량
제작부문	테이블당 노동시간, 공원벤치당 노동시간, 직원의 표준임률, 제품당 표준 플라스틱 판 소요량
판매부문	영업사원 1인당 영업통화수, 1인당 매출금액
회계부문	거래 처리에 필요한 회계 부서 표준 시간
관리부문	주문당 필요한 표준 시간, 직원의 표준 시간당 비율
구매부문	구매주문당 소요시간, 구매원재료 kg당 표준가격

표준은 여러가지 방법으로 개발될 수 있다. 과거자료의 검토와 현재 작업자에 대한 컨설팅을 통해서 개발될 수 있다. 시간과 동작연구도 표준개발에 이용된다. 엔지니어들이 재료의 표준 수량과 표준 처리원가에 대해서 컨설팅을 수행하기도 한다. 반드시 각 부문을 대표하는 인원이 표준개발에 참여하여야 한다.

2. 표준원가계산시스템은 많은 장점들을 제공한다. 운영활동 전체에 대해서 긴밀한 통제가 실시될 수 있다. 종업원들에게 명확하게 정의된 목표를 제공하기 때문에 "자신의 직무를 잘 수행하

는 것"보다 더 목표를 달성하기 위하여 노력할 것이다. 또한 표준원가계산은 "예외에 의한 관리"도 가능하게 한다. 관리자들은 표준에서 벗어난 공정들에 좀 더 주의를 기울이게 될 것이다. 표준원가계산의 한계점으로는 우선 시스템유지에 비용과 시간이 필요하다는 것이다. 표준원가계산시스템을 도입하게 되면 종업원들은 강하게 저항할 수 있다. 또한 원가와 수량을 강조하기 때문에 품질, 사기, 팀웍과 같은 작업환경의 내재적 특성들을 반영하지 못한다는 단점이 있다.

▶고급연습문제 11-13. [학습목표 3]

a. 윌은 처음의 계획을 시행해서는 안된다. 관리자에 대한 보상과 징계는 차이의 원인에 대한 조사가 이루어진 후에 실시하여야 한다.

b. 유리한 직접재료 가격차이는 품질이 나쁜 재료를 표준가격보다 낮은 가격에 구매했기 때문에 발생한 차이일 수 있다. 품질이 나쁜 재료를 생산공정에 투입하게 되면 작업폐물등 재료의 손실이 발생하게 되어 불리한 직접재료 수량차이를 가져올 수 있다. 또한 작업자들은 하자가 있는 제품을 생산하지 않기 위하여 생산에 더 많은 시간을 투입하여야 하기 때문에 불리한 직접노무능률차이가 발생할 수 있다.

c. 담당자에 대한 상/벌을 결정하기 전에 차이에 대한 원인을 면밀히 조사하여야 한다.

▶고급연습문제 11-14. [학습목표 1, 2]

a. 직접노무 임률차이 = (AR − SR) AH
= ($29.22 − $30.00) 10,200
= $7,956 유리

실제 비율 = $298,000 ÷ 10,200 = $29.22

직접노무 능률차이 = (AH − SH) SR
= (10,200 − 10,000) $30
= $6,000 불리

표준 시간 = 2 × 5,000 = 10,000

b. 제조간접원가 통제가능차이 = 실제 제조간접원가 − 실제 생산량에 대한 변동예산의 제조간접원가
= $314,600 − $295,000 = $19,600 불리

실제 제조간접원가 = ($23 × 10,200) + $80,000 = $314,600
변동예산제조간접원가 = (2시간 × 5,000 고객 × $22) + $75,000
= $295,000

제조간접원가 조업도차이 = 실제 생산량에 대한 변동예산의 간접원가 − 실제 생산량에 대한 표준배부율로 배부된 간접원가
= $295,000 − $292,115 = $2,885 불리

실제 배부된 제조간접비 = [(($75,000 ÷ 10,400) + $22) × 10,000] = $292,115

변동예산제조간접원가 = (2시간 × 5,000 고객 × $22) + $75,000
= $295,000

c. 가능한 차이의 원인

유리한 직접노무 임률차이는 추가 고용한 직원의 임률이 기존 직원보다 낮은 경우에 발생한다.
불리한 직접노무 능률차이는 신규로 고용한 직원이 기존 직원에 비하여 효율적이지 못하며 고객응대에 더 많은 시간을 할애하는 경우이다.
불리한 간접원가 통제가능차이는 간접비에 대한 통제가 부족하다는 것을 의미한다.
불리한 간접원가 조업도차이는 예산편성시점에서 예상했던 고객보다 실제 고객이 더 작은 경우에 발생한다.

▶고급연습문제 11-15. [학습목표 3]

a. 그렇지 않다. 고객의 전화 수가 줄어들고 응답 시간이 줄어든다고 하더라도 성과의 개선 뿐만 아니라 악화된 경우에도 발생할 수 있다.

b. 성과개선으로 인하여 발생한 유리한 차이

(1) 소프트웨어의 품질이 향상되어 고객이 자주 전화를 걸 필요가 없고, 건다고 하더라도 문제가 단순하여 해결에 시간소요가 줄어들 경우

(2) 고객지원의 품질이 향상되어 고객이 같은 문제로 반복적으로 전화를 걸 필요가 없어지고, 고객이 전화를 걸었을 경우 문제에 대한 해결방법이 정확하고 신속해 졌을 경우

성과의 악화로 인하여 발생한 유리한 차이

(1) 소프트웨어의 품질이 악화되어 판매량의 감소를 가져오고 이로 인하여 기존의 고객이 더 자주 전화를 걸었음에도 불구하고 전체적으로 전화의 수가 감소할 경우

(2) 콜센터 직원들이 시간당 응대시간을 줄이기 위하여 전화를 끊으려 시도할 수 있고 이로 인해 고객들의 불만이 가중될 경우

소프트웨어 매거진 리뷰가 신뢰할 수 있다면 시나리오는 더 실현될 가능성이 높다.

▶고급연습문제 11-16. [학습목표 3]

a. 유리한 직접재료 가격차이는 품질이 낮은 재료를 낮은 가격에 구매해서 발생한 것이다. 이것은 불리한 직접재료 수량차이를 가져오게 되는데, 재료의 결함 때문에 더 많은 재료가 투입되고, 하자가 있는 제품에 대한 재작업이 필요하다.
유리한 직접노무 임률차이는 임률이 낮은 일시적인 대체인력의 투입에서 발생할 수 있다. 하지만 대체인력의 투입은 대체인력이 기존 작업자에 보다 효율적으로 제품을 생산하지 못한다면 불리한 직접노무 능률차이를 초래할 것이다.

b. 낮은 가격으로 재료를 구매하는 결정이 꼭 좋은 의사결정이라고 할 수 없다. 왜냐하면 재료가 품질이 나쁠 경우 제품의 품질, 회사의 명성, 주주가치를 훼손시키기 때문이다.

▶고급연습문제 11-17. [학습목표 2]

파업으로 인하여 회사는 700,000개의 제품을 생산, 판매하지 못하였다. 이익에 미친 영향은 어떠한가? 배터리는 개당 \$44에 판매되며 변동원가는 \$9(생산공정이 자동화되어 있다고 가정하기 때문에 변동원가의 비율이 낮으며, 이 중 재료원가는 \$5이며 노무원가는 \$4이다)이다. 따라서 단위당 공헌이익은 \$35이므로, 700,000개를 생산하여 판매하였을 경우 총공헌이익은 \$24,500,000(\$35 × 700,000)이다.

컨트롤러는 파업으로 생산이 감소하였다고 인식하고 있지만, 생산의 감소로 인한 손실은 변동예산상의 제조간접원가(제조간접원가가 모두 고정원가라고 가정하고 있기 때문에, 고정예산의 제조간접원가와 동일한 금액)와 재고자산에 배부된 제조간접원가의 차이인 \$6,400,000으로 측정하고 있다. 이 금액은 제조간접원가 조업도 차이를 의미한다. 하지만 이 차이는 제조간접원가 \$6,400,000이 제품에 배부되지 않았다는 것을 의미하는 것도 아니고 파업으로 인한 그 효과에 대한 합리적인 측정치도 아니다. 제조간접원가는 본질적으로 고정원가이며, 제조간접원가는 예산상의 제조간접원가에 비하여 실제적으로 많이 적은 금액은 아니다. 이익에 대한 생산감소의 효과는 감소한 생산량과 관련된 공헌이익으로 평가하여야 한다. 이미 살펴보았듯이 파업의 결과 700,000개의 제품을 생산하지 못하였고 단위당 공헌이익이 \$35이므로 총공헌이익은 \$24,500,000을 잃어버린 것이다.

▶고급연습문제 11-18. [학습목표 1, 2]

a. 직접재료 가격차이

$= (AP - SP)\ AQ^P$

$= (\$57 - \$55)\ 24{,}000$

= $48,000 불리

실제 가격 = $1,368,000 ÷ 24,000 야드 = $57/야드

원재료 재고	1,320,000	
직접재료 가격차이	48,000	
매입채무		1,368,000
(원재료 구입)		

b. 직접재료 수량차이

$= (AQ^U - SQ)\ SP$

$= (22{,}300 - 21{,}250)\ \$55$

= $57,750 불리

표준 수량 = 8,500 벌 × 2.5 야드/벌 = 21,250 야드

재공품 재고	1,168,750	
직접재료 수량차이	57,750	
원자재 재고		1,226,500
(직접재료의 생산공정 사용)		

c. 직접노무 임률차이 Labor Rate Variance

$= (AR - SR)\ AH$

$= (\$36.36 - \$35.00)\ 27{,}500$

= $37,400 불리

실제임률 = $1,000,000 ÷ 27,500시간 = $36.36/시간

직접노무 능률차이
= (AH − SH) SR
= (27,500 − 29,750) $35
= $78,750 유리
표준 시간 = 8,500 벌 × 3.5시간/벌 = $29,750

재공품 재고	1,041,350	
직접노무원가 임률차이	37,400	
직접노무원가 능률차이		78,750
미지급임금		1,000,000

(직접 노무원가의 기록)

d. 제조간접원가 통제가능차이
= 실제 제조간접원가 − 실제 생산량에 대한 변동예산의 제조간접원가
= $90,000 − [$60,000 + ($6.50 × 8,500)]
= $90,000 − $115,250
= $25,250 유리

제조간접원가 조업도차이
= 실제 생산량에 대한 변동예산의 제조간접원가 − 실제 생산량에 대한 표준배부율로 배부된 제조간접원가
= [$60,000 + ($6.50 × 8,500)] − ($14.00 × 8,500)
= $115,250 − $119,000
= $3,750 유리

재공품 재고	119,000	
제조간접원가		119,000

(배부된 제조간접원가의 기록)

제조간접원가	90,000	
제계정		90,000

(실제 제조간접원가의 기록)

계정	차변	대변
제조간접원가	29,000	
제조간접원가의 통제가능차이		25,250
제조간접원가의 조업도차이		3,750

(제조간접원가계정의 마감과 차이의 기록)

e.

계정	차변	대변
매출원가	35,400	
직접노무 능률차이	78,750	
제조간접원가 통제가능차이	25,250	
제조간접원가 조업도차이	3,750	
직접재료 가격차이		48,000
직접재료 수량차이		57,750
직접노무 임률차이		37,400

(매출원가로 차이계정의 마감 기록)

제 12 장

분권화와 성과평가

Decentralization and Performance Evaluation

주관식 문제 *Questions*

1. ① 하위부서 관리자가 최고경영자보다 더 좋은 정보를 가지고 있다.
   ② 하위부서 관리자는 최고경영자보다 외부 환경의 변화에 더 신속하게 대응할 수 있다.
   ③ 중요한 의사결정의 권한을 가진 관리자는 그렇지 않은 관리자보다 더 열심히 일한다.
   ④ 분권화는 관리자들에게 고위 경영층으로 이동할 수 있는 훈련의 기회를 제공해준다.

2. ① 업무의 중복으로 인해 비용이 많이 발생한다.
   ② 경영자들은 회사 전체의 목표를 희생하고 자신의 목표달성을 위한 행동을 할 수 있다.

3. 일부 경영자들은 더 많은 종업원과 설비에 대하여 통제하기를 원하기도 하는데, 이들은 전사 적 차원에서 최선의 이익이 아닐지라도 자신의 관할 부서의 크기를 최대화시키고자 시도한다. 그리고 이러한 경영자의 행위를 "세력 확장(empire building)"이라고 한다.

4. 하위부서들 각각이 모두 독립된 실체이므로 구매, 회계, 자료처리와 같은 기본적 활동들이 하위부서별로 개별적으로 수행되기 때문에 많은 비용이 발생한다.

5. 하위부서의 관리자들은 의사결정권을 위임받았기 때문에, 목표달성을 위하여 업무를 더욱 열심히 수행하기도 하지만, 때로는 달성하고자 하는 목표가 회사의 목표와 일치하지 않을 수도 있다. 그리고 이러한 문제를 "목표일치의 결여(lack of goal congruence)라고 한다.

6. 책임중심점은 원가중심점, 이익중심점, 투자중심점으로 분류할 수 있으며 분류기준은 경영자가 부여받은 의사결정 권한과 책임의 범위이다. 원가중심점에서는 원가, 이익중심점에서는 원가와 수익, 투자중심점에서는 이익과 투자에 대한 의사결정권한과 책임이 경영자에게 부여된다.

7. EVA는 "회계 왜곡"에 대한 교정이 이루어진 잔여이익이라고 볼 수 있다. 예를 들어, 연구개발비는 GAAP에 따라 비용으로 보고되지만, EVA의 계산에서는 무형자산으로 계상된 후 후속 상각이 이루어지도록 자본화된다.

8. 재무적 성과측정치는 과거 행위의 재무적 영향을 보고한다는 점에서 과거지향적이며, 미래 이익에 영향을 미치는 현재의 성과를 보고하지 못한다는 한계점이 있다.

9. ① 재무적 관점 - ROI, 매출액증가율　② 고객 관점 - 고객만족도, 시장점유율
   ③ 내부 프로세스 관점 - 불량률, 대기시간　④ 학습과 성장 관점 - 특허 건수, 종업원 만족도

10. 대체가격의 대용으로 시장가격을 이용하는 경우 구매부문과 판매부문이 독립적인 회사로 다루어질 수 있으며 두 부문 모두 이에 대해 상당히 공평하고 합리적이라고 받아들인다는 것이 장점이다.

연습문제 Exercises

▶ 연습문제 12-1. [학습목표 2]

부채로 조달한 자본의 사용대가가 이자비용이다. EVA를 계산할 때 가중평균자본비용을 이용하여 채권자와 주주에게 조달한 자본의 사용대가를 계산하고, 이 금액을 세후NOPAT에서 차감한다. 만약 NOPAT의 계산에 이자비용이 포함된다면, 부채로 조달한 자본비용을 이중으로 계산하게 되는 것이다.

▶ 연습문제 12-2. [학습목표 2]

무이자부유동부채는 자본을 대가 없이 사용하기 때문에 차감되는 것이다. 예를 들어 여러분이 $1,000,000의 상품을 구입하였지만 공급업체가 상품을 판매해서 현금으로 회수할 때까지 상품 구매대금의 지불요청을 하지 않는다고 가정하자. 이 경우 여러분은 상품이라는 재고자산에 $1,000,000를 투자하였지만 투자로 인한 이자비용이 발생하지 않기 때문에 총자산에서 차감하는 것이다.

▶ 연습문제 12-3. [학습목표 1]

2개의 사업부서로 분권화하는 것은 (1) 의사결정의 유용성 증가, (2) 변화에 대한 신속한 대응, (3) 관리자에게 높은 동기부여, (4) 상급관리자가 되기 위한 훈련기회 제공 등을 장점으로 들 수 있다.

▶ 연습문제 12-4. [학습목표 1]

과거 기간과 비교 가능한 매출액 증가율, 예산 이익과 비교 가능한 부문 이익 등을 들 수 있다.

▶ 연습문제 12-5. [학습목표 1]

고객서비스 센터는 수익창출의 책임이 부과되지 않기 때문에 원가중심점으로 설정되어야 한다. 따라서 원가중심점의 성과는 실제원가와 예산원가의 비교를 통하여 평가될 수 있으며, 고객만족도와 같은 비재무적 측정지표도 성과평가에 포함시켜야 한다.

▶ 연습문제 12-6. [학습목표 1]

라토야 존슨은 시설운영과 마케팅에 대한 의사결정권을 가지고 있기 때문에 훈련시설은 이익중심점으로 간주할 수 있다. 하지만, 훈련센터의 사명은 전사적 마케팅 전략의 일부(훈련을 통하여 브랜드 충성도 제고와 미래의 매출로 연결될 수 있기 때문)로 보는 것이 적절하다. 훈련센터의 이익성과를 강조하게 되면 전사적 성공에 부정적 영향을 미치게 될 것이다.

▶ **연습문제 12-7. [학습목표 2]**

ROI 계산

		최근연도
순이익		$20,000,000
가산 : 이자비용		1,400,000
차감 : 이자감세효과	20%	280,000
NOPAT		$21,120,000

	최근연도
총자산	$235,000,000
차감 : 무이자부유동부채	36,000,000
투하자산	$199,000,000

ROI(NOPAT/투하자본) 10.61% (약 11%)

▶ **연습문제 12-8. [학습목표 2]**

ROI 계산

		위험폐기물
순이익		$7,920,000
가산 : 이자비용		1,000,000
차감 : 이자감세효과	20%	200,000
NOPAT		$8,720,000

	위험폐기물
총자산	97,000,000
차감 : 무이자부유동부채	3,200,000
투하자본	$93,800,000

ROI(NOPAT/투하자본) 9.30%

수익성 논평: 투하자본에 대한 요구수익률이 10%이기 때문에 수익성이 좋지 않다.

▶ **연습문제 12-9. [학습목표 2]**

NOPAT

		위험폐기물
순이익		$6,000,000
가산 : 이자비용		2,250,000
차감 : 이자감세효과	20%	450,000
NOPAT		$7,800,000

투하자본

	위험폐기물
총자산	80,000,000
차감 : 무이자부유동부채	6,700,000
투하자본	$73,300,000

잔여이익(RI) 계산

요구수익률 10%

	위험폐기물
NOPAT	$7,800,000
차감 : 투하자본 요구수익률	$7,330,000
RI(NOPAT − 투하자본 × 요구수익률)	$470,000

수익성 논평: 잔여이익 $470,000 만큼 주주가치를 증가시켰다.

▶ **연습문제 12-10. [학습목표 2]**

NOPAT

		위험폐기물
순이익		$3,500,000
가산 : 이자비용		1,650,000
차감 : 이자감세효과	20%	330,000
NOPAT		$4,820,000

투하자본

	위험폐기물
총자산	35,000,000
차감 : 무이자부유동부채	11,400,000
투하자본	$23,600,000

잔여이익(RI) 계산

요구수익률	18%	
		위험폐기물
NOPAT		$4,820,000
차감 : 투하자본 요구수익률		4,248,000
RI(NOPAT − 투하자본 × 요구수익률)		$572,000

▶ 연습문제 12-11. [학습목표 2]

NOPAT

	사업부 1	사업부 2
NOPAT	$12,000,000	$5,900,000

투하자본

	위험폐기물	위험폐기물
총자산	$69,000,000	$23,000,000
차감 : 무이자부유동부채	4,500,000	2,300,000
투하자본	$64,500,000	$20,700,000

ROI(NOPAT/투하자본)	18.6%	28.5%

잔여이익(RI) 계산

	위험폐기물	위험폐기물
NOPAT	$12,000,000	$5,900,000
요구수익률	11%	10%
차감 : 투하자본 요구수익률	7,095,000	2,070,000
RI(NOPAT − 투하자본 × 요구수익률)	$4,905,000	$3,830,000

주주 부 창출 평가: 사업부2의 ROI가 더 높지만, 사업부1은 더 많은 부를 창출(사업부2의 $3,830,000에 비교하여 사업부1은 $4,905,000의 부를 창출)했다.

▶ 연습문제 12-12. [학습목표 2]

퀀텀 프러덕츠

	2020	2021
투하자본	$26,000,000	$47,500,000
NOPAT	4,600,000	6,000,000
ROI(NOPAT/투하자본)	17.69%	12.63%

아쿠아핀 프러덕츠

ROI	15.00%

신규투자기회

예상 수익률	14.00%

투자 선택 유무

	퀀텀 프러덕츠	아쿠아핀 프러덕츠
성과평가 기준	이익 증가	ROI 증가
투자선택	채택	기각
우려점	과잉투자	과소투자

a. 문제에서 제시된 바와 같이, 퀀텀의 고위 관리자들은 ROI가 17.69%에서 12.63%로 급격하게 감소하는 동안 이익이 증가하였다. 그들은 수익률이 낮은 투자안에 투자하면서 이익을 증가시켰다. 수익률이 낮았지만 0보다 컸기 때문에 이익이 증가한 것이다. 퀀텀은 이익증가를 기준으로 성과를 평가하기 때문에, 요구수익률보다 낮은 수익률을 제공하는 프로젝트에도 투자하는 과잉투자하는 유인을 가지고 있다.

b. 아쿠아핀의 경영자들은 ROI를 기준으로 성과를 평가받기 때문에, 현재 15%의 ROI보다 낮은 수익률을 제공하는 투자안은 채택하지 않을 것이다. 즉, 현재 ROI보다 낮지만 자본비용보다 높은 투자안의 경우에도 투자를 기각하는 과소투자의 유인을 가지고 있다.

▶ 연습문제 12-13. [학습목표 2]

내용연수 3년

R&D 상각

연도	연구개발비	2018	2019	2020		
2018	9,450,000	3,150,000	3,150,000	3,150,000		
2019	12,400,000		4,133,333	4,133,333	4,133,333	
2020	15,600,000			5,200,000	5,200,000	5,200,000
				12,483,333	9,333,333	5,200,000

상각되지 않은 R&D 14,533,333

1) 조정된 NOPAT(세후 순영업이익) 계산

영업이익		$126,900,000
가산: 당기 R&D		15,600,000
차감: 자본화된 R&D 상각		12,483,333
		13,016,667
차감: 법인세	20%	26,033,333
조정된 NOPAT		104,013,334

2) 조정된 투자액(총자산) 계산

총자산	715,000,000
가산: 상각되지 않은 R&D	14,533,333
차감: 무이자부 유동 부채	14,000,000
조정된 투자액	715,333,333

3) 자본비용 계산

자본비용	12%	
총자본비용(조정된 투자액 × 자본비용)	20%	85,864,000

4) EVA(Economic Value Added) 계산

조정된 NOPAT	104,013,334
차감: 자본비용	85,864,000
EVA	18,149,334

▶ 연습문제 12-14. [학습목표 3]

재무적 측정지표는 자동차의 백미러가 뒤쪽에 상황을 비쳐주는 것처럼, 과거의 경영의사결정으로 인한 영향으로만 평가하는 것이다. 자동차 운전자는 도로상황의 변화와 현재 자동차 운전상태에 대한 자동차 계기판을 주시하여야 한다. 마찬가지로 관리자는 회사의 장기적인 가치를 창출하기 위하여 내부프로세스와 혁신 요소뿐만 아니라 고객과 시장상황이 변화하는 것에 주의를 집중할 필요가 있다. 하지만 "우리가 역사를 무시하면 그 불행이 다시 반복되는 것처럼" 과거 자료도 알고 있어야 한다.

▶ 연습문제 12-16. [학습목표 A1]

병리학 실험실은 이익중심점으로 설정되어 있으므로, 테스트에 대해서 시장가격을 기준으로 비용을 부담하여야 한다. 원가기준으로 테스트 가격을 결정한다면, 외래환자 진료소에서는 필요이상의 테스트를 의뢰하게 되며 실험실 관리자들은 과업을 효과적으로 수행하고자 하는 동기를 상실하게 될 수 있다.

▶ 연습문제 12-17. [학습목표 A1]

에두아르도가 제안한 대체가격결정에서는 콘테이너공장은 전부원가에 대하여 보증된 이익을 획득할 수 있기 때문에 가동률을 개선하거나 원가를 절감시킬 인센티브가 없다. 그러므로 전사적 차원에서 그의 제안은 최선책이 아니다.

고급연습문제 Problems

▶고급연습문제 12-1. [학습목표 1, 3]

a. 예산은 두 생산공장의 운영에 대한 평가기준을 제공해주며, 원가가 통제되지 않은 분야에 대해 주의를 기울이도록 지원한다. 예를 들어, 공장의 운영이 통제범위 밖이라면 프로세스 개선을 시작하여야 한다.

b. 불량률, 적시배송률, 기계중단시간, 종업원 이직률

▶고급연습문제 12-2. [학습목표 1, 3]

사업부서 관리자들이 투자의사결정의 권한을 가지고 있으므로, 투자수준을 반영하는 ROI, 잔여이익, EVA 등은 모두 엘이오사의 경우 합리적인 측정치라 할 수 있다.

▶고급연습문제 12-3. [학습목표 6]

a. ROI 계산

	12/31/2020	12/31/2021
순이익	$3,300,000	$3,400,000
가산: 이자비용	726,000	770,000
차감: 이자의 감세효과(20%)	145,200	154,000
NOPAT	$3,880,800	$4,016,000

	12/31/2020	12/31/2021
총자산	$55,000,000	$62,000,000
차감:무이자부유동부채	1,100,000	1,320,000
투하자본	$53,900,000	$60,680,000
ROI(NOPAT ÷ 투하자본)	7.20%	6.62%

b. 이익은 증가하였지만, ROI는 감소하였기 때문에 회사의 성과가 개선되었다고 볼 수 없다.

▶고급연습문제 12-4. [학습목표 6]

a. EVA 평가(RI)

		12/31/2020	12/31/2021
순이익		$770,000	$880,000
가산: 이자비용		2,310,000	330,000
차감: 이자감세효과	20%	462,000	66,000
NOPAT		$2,618,000	$1,144,000

	12/31/2020	12/31/2021
총자산	$12,650,000	$12,100,000
차감:무이자부유동부채	550,000	572,000
투하자산	$12,100,000	$11,528,000
요구수익율	10%	12%
요구 NOPAT	$1,210,000	$1,383,360
RI(NOPAT – 요구NOPAT)	$1,408,000	($239,360)

b. 이익이 증가하는 동안 잔여이익은 감소하고 있으므로, 회사의 성과가 개선되었다고 보기가 명확하지 않다.

c. 이자비용이 감소하였다는 것은 회사가 차입에 의한 자본조달 비중이 줄어들었다는 것을 의미한다. 차입에 의한 자본조달이 주식발행에 의한 자본조달보다 자본비용이 적게 발생하기 때문에, 자기자본 조달 비중이 높아지면서 가중평균자본비용(WACC)은 증가하고 있다.

▶고급연습문제 12-5. [학습목표 4]

a. 5개년도 ROI

	1차년도	2차년도	3차년도	4차년도	5차년도
NOPAT($)	35,000,000	35,000,000	35,000,000	35,000,000	35,000,000
감가상각인하율		6%	6%	6%	6%
투자액	440,000,000	413,600,000	388,784,000	365,456,960	343,529,542
ROI(%)	7.95%	8.46%	9.00%	9.58%	10.19%

b. a번의 계산결과에서 볼 수 있듯이, 신규투자가 이루어지지 않기 때문에 ROI는 자동으로 7.95%에서 10.19%으로 증가하고 있다. 즉 관리자는 투자액을 증가시켜 ROI를 감소하게 만드는 투자를 회피하거나 지연시키는 유인을 가지고 있다.

▶고급연습문제 12-6. [학습목표 2]

a. 두 개 연도의 ROI를 계산

NOPAT

		2020	2021
순이익		$3,650,000	$4,950,000
가산: 이자비용		2,420,000	2,975,000
차감: 이자감세효과	20%	484,000	595,000
NOPAT		$5,586,000	$7,330,000

투하자본

	2020	2021
총자산	$59,500,000	$56,430,000
차감: 무이자유동부채	4,400,000	4,950,000
투하자본	$55,100,000	$51,480,000
ROI(NOPAT/투하자본)	10.14%	14.24%

b. ROI를 매출액 이익률과 투자회전율 계산

	2020	2021
매출액이익률(NOPAT/매출액)	0.0846	0.0762
투자회전율(매출액/투자액)	1.1978	1.8697
매출액이익률 × 투자회전율 = ROI	0.1013	0.1425

c. 2020년에 비해 2021년 ROI가 증가하였으며, 증가한 원인은 투자회전율의 증가 때문이다. 투자회전율의 증가(1.1978 → 1.8697)가 매출이익률의 감소(0.0846 → 0.0762)를 상쇄하였다.

▶고급연습문제 12-7. [학습목표 2, 3]

a. ROI 계산

		위험폐기물	생활폐기물
순이익		$1,870,000	$6,600,000
가산: 이자비용		1,375,000	8,030,000
차감: 이자감세효과	20%	275,000	1,606,000
NOPAT		$2,970,000	$13,024,000

	위험폐기물	생활폐기물
총자산	$15,300,000	$87,000,000
차감:무이자부유동부채	3,300,000	13,200,000
투하자본	$12,000,000	$73,800,000
ROI	24.75%	17.65%

b. EVA계산

	위험폐기물	생활폐기물
NOPAT	$2,970,000	$13,024,000
차감: 투하자본 × 요구수익률	$1,200,000	$9,594,000
RI(NOPAT − 투하자본 × 요구수익률)	$1,770,000	$3,430,000

c. EVA의 계산결과에서 나타나듯이 생활폐기물 분야에서 주주가치가 가장 많이 증가하였다.

d. 위험폐기물 분야의 확장이 우선적이다. 현재 ROI가 높다는 것은 생활폐기물 분야와 비교했을 때, 자산이 증가하였을 때 증가한 자산의 이익률이 더 높다는 것을 의미한다.

▶고급연습문제 12-8. [학습목표 2]

a. GAAP에서는 R&D비용이 미래에 경제적 가치를 창출하더라도 비용으로 처리하도록 규정하고 있기 때문에 일부 관리자들은 보고이익을 증가시키기 위하여 R&D비용을 삭감하고자 시도 하는 경우가 있다. EVA에서는 R&D비용을 자본화하고 미래 수익을 창출하는 기간에 걸쳐 상각을 하고 당기에 비용처리 하지 않기 때문에 R&D비용을 줄이고자 하는 유인이 감소한다.

b. 2021년 EVA 계산

		상각			
연도	연구개발비	2019	2020	2021	미상각
2019	$1,200,000	$400,000	$400,000	$400,000	
2020	2,100,000		700,000	700,000	$700,000
2021	2,640,000			880,000	1,760,000
				1,980,000	$2,460,000

1) NOPAT(세후 순영업이익) 계산

순이익		6,050,000
가산: 이자비용		1,320,000
차감: 이자비용 관련 세금 절감액	20%	264,000
		7,106,000
세전 영업이익	20%	8,882,500

2) 조정된 NOPAT(세후순영업이익) 계산

영업이익		8,882,500
가산: 당기 R&D		2,640,000
차감: 자본화된 R&D 상각		1,980,000
		9,542,500
차감: 법인세	20%	1,908,500
조정된 NOPAT		7,634,000

3) 조정된 투자액(총자산) 계산

총자산		$6,050,000
가산: 상각되지 않은 R&D		2,640,000
차감: 무이자부 유동 부채		23,100,000
조정된 투자액(총자산)		39,860,000

4) 자본비용 계산

자본비용	15%	
총자본비용	20%	5,979,000

5) EVA(Economic Value Added) 계산

조정된 NOPAT		7,634,000
차감: 자본비용		5,979,000
EVA		1,655,000

c. 차이요약: EVA가 양수라면 경영자들은 EVA의 도입을 지지할 것이다. 왜냐하면 EVA 〉 0의 의미는 자본 조달비용보다 더 많은 이익을 창출할 수 있다는 것을 의미하기 때문이다.

▶ 고급연습문제 12-9. [학습목표 2]

		2021년	2020년
영업이익		$614,250	$585,000
차감: 법인세	20%	122,850	117,000
NOPAT		$491,400	$468,000
총자산		5,200,000	4,200,000
차감: 무이자부유동부채		310,000	308,000
투자액		4,890,000	3,892,000
요구되는 NOPAT	12%	$586,800	$467,040
EVA(NOPAT − 요구되는 NOPAT) [잔여이익]		($95,400)	$960

a. 2020년 보다 2021년에 EVA가 하락한 것을 알 수 있다.

b. 이익에는 자본사용에 대한 대가가 포함되지 않는다. 자본사용의 원가는 EVA의 계산을 통해서 알 수 있다. a의 계산결과에서 제시되어 있듯이 오히려 EVA는 감소하였다. 즉 신규투자의 수익률이 자본비용보다 낮기 때문에 EVA가 하락한 것이다.

▶ 고급연습문제 12-10. [학습목표 2, 3]

EVA 성과평가

		브릭 앤 모르타르	인터넷
순이익		$27,810,000	($1,125,000)
가산: 이자비용		1,260,000	418,500
차감: 이자비용의 감세효과	20%	252,000	−
NOPAT		28,818,000	($706,500)
총자산		$162,000,000	$15,480,000
차감: 무이자부유동부채		7,020,000	2,520,000
투자액		$154,980,000	$12,960,000

	브릭스앤모터	인터넷
NOPAT	$28,818,000	($706,500)
자본비용	10%	12%
차감요구 NOPAT	15,498,000	1,555,200
잔여이익	$13,320,000	($2,261,700)

a. 인터넷 사업부는 초창기에 해당하기 때문에, 인프라 구축(소프트웨어 개발, 서버구축 등)에 상당한 투자가 이루어지고, 반면 시장가격은 고객의 의사를 기준으로 설정되어 낮을 것이기 때문에, "EVA〈 0"는 놀라운 결과가 아니다. 인터넷 사업부의 관리자가 회사의 장기적인 이익을 창출하기 위한 의사결정을 하게 되면, 여전히 EVA는 감소하게 될 것이다.

b. 인터넷 사업부의 관리자가 미래 이익을 창출하기 위한 노력을 EVA에서는 파악하지 못하기 때문에, 미래가치 창출을 위한 혁신이라는 관점에서 고객, 내부프로세스 측면에서 인터넷 사업부를 평가하는 것이 더 바람직하다.

c. [브릭스앤모터]

고객 차원: 고객만족도, 시장점유율

내부프로세스 차원: 당기 재고부족 현황, 전체 매출액 중 할인 판매 액의 비율

[인터넷사업부]

고객 차원: 배송시간, 재구매비율

내부프로세스 차원: 웹사이트 방문객 중 매출로 이어진 비율, 월간 웹 사이트가 다운된 횟수

d. [브릭스앤모터]

재고부족은 고객만족도에 영향을 미칠 것이다.

[인터넷 사업부]

웹 사이트 다운 횟수는 웹 사이트 방문이 매출로 이어지는데 부정적인 영향을 미칠 것이다.

▶고급연습문제 12-11. [학습목표 2]

a. ROI 계산

(단위 : 천)	2018	2019	2020	2021
순이익	$3,750	4,313	5,088	6,105
이익 변화율(%)		15%	18%	20%
총자산	$37,500	47,925	63,750	87,500
ROI(이익/총자산)	10%	9%	7.98%	6.98%

b. 자본비용보다 이익이 적은 경우에도 손실이 나지 않는 프로젝트에 투자하여 이익을 증가시킬 수 있다. 로얄사에서 현재 발생하고 있는 상황이다. 총자산이 증가하고 이익이 증가하고 있기 때문에 투자가 이루어지고 있지만, 2012년 10%에서 2021년 7%로 감소하고 있다. 주주들은 주식을 매입하였기 때문에 부담하고 있는 위험에 대한 보상을 원하고 있지만, 현재 이익은 10% 미만인 7% 발생하고 있다. 그래서 주가가 하락하였다고 할 수 있다.

이 상황에서 단순히 이익의 증가 기준으로 보상한다면 7% 미만의 이익이 발생하는 사업에 과잉투자할 수 있다.

c. 자본비용 9.5% 시 EVA 계산

(단위 : 천)	2018	2019	2020	2021
순이익	3,750	4,313	5,088	6,105
차감 : 요구수익율	3,563	4,553	6,056	8,313
(자본비용 9.5% 총자산)				
자본비용	9.5%			
EVA(잔여이익)	$188	($240)	($968)	($2,208)

=> EVA의 계산결과 값으로 회사의 투자수익은 자본비용을 커버하지 못하고 있음을 알 수 있으며, 주가가 하락한 이유를 설명할 수 있다.

▶고급연습문제 12-12. [학습목표 3]

a. 재무적 차원: 매출액 증가율
고객 차원: 고객만족도
내부 프로세스 차원: 적시배송률, 원재료재고회전율
학습과 성장(혁신) 차원: 종업원 이직률

b. 종업원의 이직률이 낮을수록 적시배송률을 개선하여 고객만족도를 증가시키고, 이는 다시 매출액의 증가에 영향을 미치게 된다.

▶고급연습문제 12-13. [학습목표 A1]

a. 고객 차원: 고객만족도
내부프로세스 차원: 적시배송률

b. 마리아가 계속해서 단기 이익목표를 달성하기 위하여 생산활동을 관리하면 고객만족도는 감소하게 되고 적시에 배송하는 비율도 감소하게 될 것이다.

▶고급연습문제 12-14. [학습목표 A1]

a. 두 회사모두 운영이 독립적으로 이루어지고 있기 때문에 시장가격이 가장 적절한 대체가격이다.

b. 석탄이 외부시장에서 판매될 수 있기 때문에, 시장가격은 석탄을 생산해서 내부적으로 사용하는 경우 기회원가이다.

▶고급연습문제 12-15. [학습목표 A1]

배관 및 전기부분의 무분별한 사용이 이루어지고 있기 때문에, 서비스이용에 대한 비용을 부담시키게 되면 이러한 문제는 줄어들게 될 것이다. 그러나 서비스의 원가 또는 시장가격 중 어떤 것을 적용할 것인가? 대부분 제공된 서비스의 변동원가(수선 작업자에게 지급된 임금)를 비용으로 부과하면 무분별한 사용을 감소시킬 수 있다. 시간당 $50~$65의 시장가격은 내부적으로 제공되는 서비스의 증분원가가 아니며 수선 서비스가 외부시장에서 판매되지 않기 때문에 적절하지 않다.

▶고급연습문제 12-16. [학습목표 A1]

a. 직물사업부는 가동률이 60%이기 때문에 유휴설비가 상당부분 존재하고 있으므로 변동원가가 의류사업부가 부담할 기회원가의 대체 추정치로 유용하며 따라서 대체가격으로 사용할 수 있다.

b. 직물사업부의 생산시설이 모두 가동 중이기 때문에 의류사업부에 제공하기 위한 직물을 생산하게 되면 외부 판매를 위한 생산을 중단해야 한다. 이러한 차원에서 시장가격은 의류사업부에 직물을 제공하게 되는 경우의 기회원가이며, 대체가격으로 사용될 수 있다.

▶고급연습문제 12-17. [학습목표 2]

a. ROI 계산

	자수기계 구입 안하는 경우	자수기계 구입하는 경우
총자산	33,000,000	33,000,000
차감 : NIBCL	1,500,000	1,500,000
추가 투자액	31,500,000	5,250,000
투자액	31,500,000	36,750,000
영업이익	5,000,000	5,000,000
(추가) 영업이익	–	1,027,500
예상 총 영업이익	5,000,000	6,027,500
ROI(영업이익/투자액)	15.87%	16.40%

b. 잔여이익 계산

요구수익율	14%	

	자수기계 구입 안하는 경우	자수기계 구입하는 경우
요구 NOPAT	4,410,000	5,145,000
영업이익	5,000,000	6,027,500
잔여이익 (NOPAT - 요구NOPAT)	590,000	882,500

c. 투자여부 및 이유

: 자수기계를 도입하는 경우 ROI와 잔여이익이 증가하므로 기계도입에 투자하여야 한다

▶고급연습문제 12-18. [학습목표 2]

a. 순이익 기준의 사업부 순위

	사업부 A	사업부 B	사업부 C
순이익	178,500	1,820,000	1,365,000
	③	①	②

순이익에 기초하여 경영자에게 보상을 실시하는 경우의 장점은 경영자들이 수익성 증가에 대한 분명하여 동기를 가지게 된다는 것이다. 그러나 단점은 이익을 기준으로 평가하는 경우 자본비용보다 이익률이 낮아도 투자를 하게 되는 과대투자의 문제가 발생할 수 있다는 것이다.

b. ROI 기준의 사업부 순위

1) 사업부별 ROPAT 계산

	사업부 A	사업부 B	사업부 C
순이익	178,500	1,820,000	1,365,000
가산 : 이자비용	52,500	1,925,000	1,225,000
차감 : 이자비용 법인세 절감효과 20%	10,500	770,000	245,000
NOPAT	220,500	3,360,000	2,345,000

2) 투자액 계산

	사업부 A	사업부 B	사업부 C
총자산	927,500	18,725,000	11,156,250
무이자유동부채	52,500	2,187,500	1,050,000
투자액	875,000	16,537,500	10,106,250
ROI(NOPAT / 투자액)	25.20%	20.32%	23.20%
	①	③	②

ROI를 이용한 보상의 장점은 경영자들이 자신의 사업부 수익을 증가시키기 위한 강한 동기를 가지게 된다는 것이다. 단점은 경쟁력을 유지하기 위해 필요한 신규설비의 구입을 지연시킨다는 것이다. 신규설비를 도입하게 되면 투자액이 상당부분 증가하게 되어 ROI를 감소시킬 수 있기 때문이다.

c. 잔여이익(EVA) 기준의 사업순위

(1) NOPAT (사업부별)

1) 사업부별 NOPAT 계산

	사업부 A	사업부 B	사업부 C
NOPAT	220,500	3,360,000	2,345,000

2) 요구 NOPAT

	사업부 A	사업부 B	사업부 C
투자액	875,000	16,537,500	10,106,250
요구수익율	10%	12%	14%
요구 NOPAT	87,500	1,984,500	1,414,875

3) 사업부별 잔여이익

	사업부 A	사업부 B	사업부 C
잔여이익(EVA)	\$133,000	\$1,375,500	\$930,125
= NOPAT − 요구NOPAT	③	①	②

사업부 B의 잔여이익이 가장 높다. 잔여이익으로 경영자를 평가하여 보상하게 되는 경우 과소 또는 과대투자의 문제를 해결할 수 있는 장점이 있지만, 반면 과거의 성과에 대한보상은 이루어지지만 미래의 이익을 고려하지 않는다는 한계가 있다.